JN068905

生協共済の未来へのチャレンジ

公益財団法人 生協総合研究所
生協共済研究会 編

東信堂

はじめに

　『生協共済の未来へのチャレンジ』は、『生協の共済 今、問われていること』(2008 年 8 月)、『21 世紀の生協の共済に求められるもの』(2011 年 6 月)に続く 3 冊目の生協共済研究会の著作である。

　2006 年 4 月に活動を開始した生協共済研究会は、今年 16 周年を迎える。NII 学術情報ナビゲータ CiNii で、タイトルに「生協」と「共済」のある論文を検索したところ、151 件見つかった (2021 年 2 月 23 日現在)。これらのうち、研究会活動開始以降の論文は 97 件、全体の 6 割強を占める。生協共済関連の論文が増えただけでなく、研究会の関係者以外の論文も増えており、研究のすそ野の広がりは生協共済研究会の 1 つの成果であると思われる。

　本書の目的は大きく 2 つある。1 つは、15 年間の研究会活動の成果を収めるために、現在の生協共済について、理論的な課題と将来への展望、役割、期待などを整理し、記述することである。もう 1 つは、共済事業に携わる役職員 (特に若手の職員) の学習や実践と、生協共済の研究活動に役立つことである。

　また、各著者は以下の 4 つの視点を共有し、論文を作成している点に特徴がみられる。

　①将来に向けてチャレンジングな考察を行う：過去や現在の記述にとどまらず、今後の展望や課題、共済が何にチャレンジしていくべきかについて、積極的に提案と問題提起を行う。

　②時間軸・方向性を明確にする：特に若手の生協職員が読んで、生協共済の現在の到達点、今後の方向性や展望が見える、あるいはそれを考察する内容とし、現在の共済事業を読み解く「時代認識」を明らかにする。

　③生協共済の特色や保険との違いについて考察を行う：少子高齢化、健康づくり、AI・デジタル技術、SDGs などについて、民間保険

会社でも取り組んでいるが、（協同組合）共済の取り組みは、本質的に保険とどこが違うのか、あり方について明らかにする。

④共済事業に携わる役職員（特に若手の職員）に伝わるメッセージを送る：助け合い、くらしづくり、生協や共済への関わりなどを「自分事」として受け止められるようにする。

本書の構成は、第1部「生協共済のアイデンティティ」、第2部「生協共済の事業運営」および第3部「新たな課題へのチャレンジ」からなる。

第1部は、かつて生協共済は独自の取り組みが注目されたことがあったが、近年、保険との差異や独自性が縮小し、共済と保険の相違やアイデンティティが繰り返し問われている。

1章「共済と保険の相違―「たすけあい」という機能からの分析―」（米山高生担当）は、保険の仕組みとしての「たすけあい」を2つに分けて、協同組合保険と共済を峻別する新たな視座を提供する。2章「生協共済の組織的特質、制度的枠組みとアイデンティティ」（栗本昭担当）は、海外の制度や現状についての比較分析をふまえて、原点に立ち戻り協同組合のアイデンティティを深めることが大切であると説く。

第2部は、生協共済のアイデンティティを確立するための事業運営の課題を考察する。

1章「生協共済の事業デザイン」（岡田太担当）は、共済事業活動全般を通じて多様な価値を組合員に提供する活動を「マーケティング」ととらえ、組合員と職員が「共感」し、「共創」することで独自性を発揮すべきであると提案する。2章「生協共済のリスク区分―協同組合に焦点をあてて―」（宮地朋果担当）は、保険との同質化が進む共済の差異化の鍵として、リスク区分に着目し、日本の共済が強みや優位性（「共済らしさ」）を活かし続けるための要になりうると述べている。3章「自然災害に対する共済団体の取り組みと残されている課題―共済団体へのインタビューを通じて―」（吉田朗担当）は、「たすけあい」の精神が希薄化している現状を変えるために、自然災害への取り組み姿勢や十分

な保障が受けられなかった例や誤解を生じやすい例などを説明する必要があると説く。そして、4章「生協共済の財務健全性の確保」（大塚忠義担当）は組合員との契約を確実に履行するだけでなく、自己資本の調達・充実に関する制約が事業運営の方向性を規定し、生協共済の独自性が財務健全性の確保に重要な役割を果たしているとの新たな視座を示している。

　第3部は、新たなチャレンジ課題として、ライフプランニング、インシュアテックおよびマイクロインシュアランスをとりあげる。

　1章「人生100年時代の新たな生活リスクに立ち向かう」（小塚和行担当）は、ライフプランニング活動での経験と健康づくりの取り組みを生かし、組合員自身が「自分事」ととらえて積極的に参加することが大切であると述べている。2章「人生100年時代のライフプランニング活動・生活保障設計運動」（藤川太担当）は、これまで「経済」の健康に偏っていたライフプランを見直し、原点に立ち返り、「心」と「体」の健康にも取り組み、真の意味でのライフプランニングを追求すべきである。それは生協共済だからこそできる、生協共済らしい活動であると説く。

　3章「インシュアテックと共済事業」（崔桓碩担当）は、共済事業においても、インシュアテックを活用した業務の効率化および高度化は必要不可欠である。保険会社およびP2P保険会社との差別化を図る観点から、組合員のニーズに合う商品開発が重要であると述べている。

　4章「マイクロインシュアランス普及の現状と課題」（根本篤司担当）は、日本の共済、保険会社の新興地域のマイクロインシュアランスの普及に向けて、①マイクロインシュアランス市場への新規参入、②保険・共済経営に関するノウハウの提供、③金銭的な支援の3つのアプローチをあげている。5章「国際協同組合保険連合（ICMIF）と同連合アジア・オセアニア協会（AOA）の活動とその展開」（髙橋成人担当）は、協同組合／相互扶助の保険組織は他者を思いやり、手を差し伸べる優しく真摯な心で、ミッションを遂行している。AOAは国境を越えた絆を保ち

ながら、国際社会などともパートナーシップを結び、人類と地球の未来のために協力していく役割を担っていると述べている。

　賀川豊彦が「未来はわれらのものなり」と記した 1935 年と時代背景は異なるが、改めてその重みを受け止め、生協共済はどのような未来を描くのかを考え、意見を交わしていただければ望外の喜びである。

　最後に、本書の企画から刊行が予定より遅れてしまったにもかかわらず、粘り強く待ってくださった事務局の皆様に心よりお礼を申し上げます。

　　2021 年 7 月

　　　　　　　　　　　　　　　　　生協共済研究会　　岡田　太

目次／生協共済の未来へのチャレンジ

第3部　新たな課題へのチャレンジ …………………… 131

生協共済の未来へのチャレンジ

第1部　生協共済のアイデンティティ

第1章

共済と保険の相違
——「たすけあい」という機能からの分析——

米山　高生

1．問題意識

　みんなが助け合うことは大切なことだ。家族は、役割分担をしなが
ら助け合う仕組みである。独居老人は助け合う家族がいない。だが独
居老人も公助や共助があれば、生活者として暮らすことができる。ど
んな人間であっても、生活者として暮らしていくためには、なんらか
の「たすけあい」[1]が必要不可欠である。

　「たすけあい」のための手段や方法は様々である。「たすけあい」には、
自助、共助、公助という概念区分がある。この三つはそれぞれ独立し
た概念とは言い難い。たとえば、共助は自助により自立できる人々に
よって行われる助け合いである。反対に、公助は、自助により自立す
ることが難しい人々に対して行われる助け合いである。つまり共助は、
自助と公助という両極からなる強い磁場の中間にある「たすけあい」
であるため、定義によってその内容を異にする。

　たとえば共済は保険と同じように自助の手段と考えることができる。
この考えにもとづけば、共助は社会保険・企業福利が相当する。その
理由は、保険・共済サービスに税金ないしは企業負担が介在している
ためである。この分類によれば、公的財源による社会福祉が公助であ
り、社会保険が共助ということになる[2]。

　この分類はわかりやすいが、保険・共済のサービスではなく、組織
原理に重点をおいて「たすけあい」を論じる視点もありうる。購買活
動を共同に行うことを相互の助け合いといわないだろうか。伝統社会
における頼母子講や無尽は明治以前の村落に広く普及していたが、こ
れらは相互扶助組織であるという意味で「共助」に属するものと思わ
れる。その意味で、協同組合は、多数の人々が市場原理によらず結
合するという意味で「共助」といってよい。以上の概念整理に従えば、
共済という「商品」は、「共助」の組織である協同組合が提供する組合
員の「自助」手段であるといえる[3]。

　伝統社会における共助の組織である頼母子講や無尽は明治以前の村

落に広く普及していた。しかしこれらは、明治時代になって封建的な社会制度が解体し、また西洋から近代生命保険が導入されると、急激に重要性が失われた。伝統的な社会が崩れて行く中で、市場による自助の手段としての生命保険が重要となったのである。

　明治政府による殖産興業政策は、日本の工業化を進展させたが、他方で、いわゆる資本主義の生み出す社会問題という矛盾が目立つようになった。そこで、株式会社による産業企業が経済成長を牽引するという方向性に対して、協同組合組織を利用して社会の安定をはかるという考え方が生まれた。この考え方は、資本主義に対立する考え方ではなく、むしろ資本主義の発達によって生じうる社会主義思想を抑えて社会を安定させようとするものであった[4]。このような考えを背景にして、1900年に産業組合法が制定された。この法律のもとで様々な組合が誕生するが、同年に保険業法が制定されたためであろうか、産業組合による保険事業は認められなかった[5]。

　共済の誕生は、第二次世界大戦後まで待つことになる。戦前から共済会あるいは共済組合が存在し、保険の仕組みを利用しない慶弔金や見舞金の事業を行っていたが、「戦後の協同組合法の立法者もほぼこの程度の共済事業を頭に描いていた」ようだが、規定には「単に共済をはかる、と書いているだけで内容は制限」[6]していなかった。

　戦後の協同組合法の大雑把な共済規定を解釈することによった、従来の慶弔金・見舞金の範囲を超えて、合理的な掛金を算出して資金をプールし共済金を支払うという保険の仕組みを利用するようになり、その結果、共済事業が誕生したのである[7]。

　共済事業の発展過程において、「保険は株主の利益追求のために存在するが、共済は加入者のたすけあいの仕組みである」ということが強調される場合がある。この文言はわかりやすいが、商品構造と組織構造を混同する謬論である。たしかに保険会社には株式会社が多く、経営者は株主の利益のために企業価値の最大化をめざす。しかし株式会社のこの目的は、契約者の利益を実現することによって達成されな

ければならない。さもなければ、その保険会社は保険市場で契約者を
失ってしまうからである。他方、共済が「たすけあい」の仕組みであ
るというのは、商品構造を強調するものである。前段の保険批判が組
織構造に焦点を絞ったものであるのに対して、後段は商品構造を取り
上げるというのは論理的に一貫しない。さらに、共済がどのような意
味で「たすけあい」という機能をもっているのかということも説明し
ていない。

　共済と保険の相違を考える時に重要なことは、商品の機能面と運営
にかかわる組織面を区別することである。そうしないと焦点の絞られ
ない議論に陥ってしまう。このような問題意識から、第2節において
機能としての「たすけあい」を商品面から考察し、第3節で「たすけあ
い」という機能をとおしてみた共済団体の組織的性格について検討す
る。そして第4節で全体のまとめを行う。

2.　機能としての「たすけあい」

　保険の仕組みの利点は、個別のリスクを集団で引き受けることに
よってリスクを軽減(平均化)することである[8]。ここで軽減されるリ
スクとは、損失の可能性などというものではなく、損失の期待値まわ
りの変動である。図示すれば、大数の法則によって個別にリスクを保
有した場合の分布(a)から、集団でリスクを保有した場合の分布(b)に
変化するということである(図1-1-1)。

　保険理論では、これをプーリングアレンジメントと呼んでいる。プー
リングアレンジメントによって、一件当たりの期待損失額は変わらな
いが、一件当たりの損失の期待値まわりの変動は図1-1-1からもわか
るように明らかに小さくなる。保険の主要な仕組みはプーリングアレ
ンジメントであり、またその本質的機能は、一件当たりの損失の期待
値まわりの変動を小さくすることである[9]。

　このような仕組みを利用すると、契約者の支払った保険料(理論的に

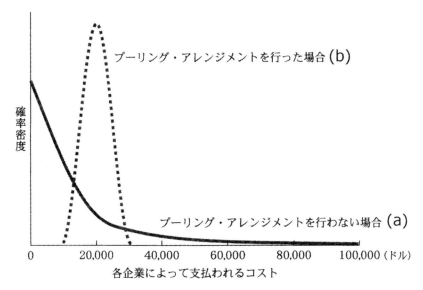

図1-1-1　プーリングアレンジメントによる損失の期待値まわりの変動の軽減

出典：ハリントン、ニーハウス著、米山、箸方監訳『保険とリスクマネジメント』東洋経済
　　　新報社、2005年。

は期待損失額に相当）は、保険金給付と一致しない。当たり前のことだ
が、保険は保険事故の起こったものだけに保険金の支払いが行われる。
よって、保険の仕組みは、保険事故が生じて困った人に保険金を給付
することによって「たすけあい」を行う仕組みであるといえる。この「た
すけあい」を、ここでは「たすけあいⅠ」と名づける[10]。

　保険の仕組みには、もう一つの「たすけあい」が生まれる可能性が
ある。ここである保険集団を想定してみよう。この保険集団を構成す
る人の期待損失にはバラツキがあるとする。この保険集団に属する
人々のリスクによって区分することが可能だとすれば、保険では、リ
スク区分を行うのが合理的である[11]。なぜならば、自社がリスク区分
しないままだと、低いリスクの者が他のリスク区分した会社に流出し、
高いリスクの者だけが集中してしまうからである。このような現象を
逆選択と呼んでいる[12]。

　しかしながら、共済の場合には、あえてリスク区分をせずに画一的な掛金を採用することがある。その理由は、一般的にいえば、共済が一般の市場を相手にしているのではなく、協同組合の組合員を対象としているためである。そのため、協同組織による顔の見える関係性が、逆選択を抑制する可能性がある[13]。

　画一的な掛金によって契約者間に内部補助が生じる。つまり低いリスクの人が、高いリスクの人に内部補助を与えるのだ。言い換えれば、低いリスクの人が高いリスクの人をたすけることになる。このような内部補助による「たすけあい」を「たすけあいⅡ」と呼ぶことにする[14]。

　以上の考察により、二つの「たすけあい」があることが確認された。最後に、この二つの「たすけあい」の関係について明らかにしておく必要がある。「たすけあいⅡ」は、市場の規律にしたがう場合には、逆選択が生じ実行することが難しい。他方、「たすけあいⅠ」は、保険契約においても共済契約においてもプーリングアレンジメントが機能するかぎり生じうるものである。図 1–1–2 でしめしたように、「たすけあいⅡ」は、「たすけあいⅠ」の部分集合である。集合式でしめすと、「たすけあいⅡ」⊂「たすけあいⅠ」となる。

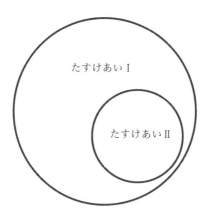

図 1-1-2　「たすけあいⅠ」と「たすけあいⅡ」の関係

3. 「たすけあい」という機能からみた企業形態

　以上では、保険と共済の相違を「たすけあい」を手掛かりにして、機能論的な観点から検討した。次に共済団体と「たすけあい」の関係を実務的な面から検討する。各種共済団体が推進する共済商品には、あえてリスク区分を厳格に行っていないという特性をもつものがみられる。そこには同一リスク区分内での内部補助が生じている。つまり、言い換えれば、「たすけあいⅡ」が組み込まれているのである[15]。

　「たすけあいⅡ」は、協同組合組織によって営まれる共済であるゆえに生じるものであり、市場の規律にしたがうべき保険会社には理論的には生じえない。これをもって共済の本質である断言することができればよいのだが、共済事業全般を実務的な観点からみると問題がある。つまり「たすけあいⅡ」の共済商品だけを提供する共済団体だけが存在するわけではないからである。たとえば、JA 共済やこくみん共済 coop が提供する自動車共済は、市場の規律にしたがって商品設計をされたものであり、基本的には損害保険会社の提供する自動車保険と大きな違いはなく、「たすけあいⅡ」が存在する余地はない。このように、実際の共済団体には、「たすけあいⅡ」の共済商品を提供するだけでなく、「たすけあいⅠ」だけの共済商品を提供するものが多く存在しているのである。これを簡単にしたのが**表1-1-1**である。

　ところで、日本の共済団体は英語に訳すと、Mutual aid なのか Cooperative insurance なのかという議論がある[16]。Mutual aid は相互扶助という意味が強いが、共済に近い訳語である。Cooperative insurance は、字義通り訳せば協同組合保険である。

　伝統的な相互扶助団体では、構成員間の内部補助が重要な要素となっている。相互扶助と呼ばれる「たすけあい」は、「たすけあいⅡ」である。よって共済商品において「たすけあいⅡ」を発揮するものが Mutual aid であるといえる 。これに対して、「たすけあいⅠ」のみの共済商品は、Mutual aid と称するのが難しい。あえていえば、

表1-1-1 協同組合組織と保険会社における共済・保険商品

	協同組合組織	保険会社
たすけあいⅠ	○	○
たすけあいⅡ	○	×

Cooperative insurance すなわち協同組合保険と呼ぶべきであろう。

　わが国では、保険業法において協同組合保険という事業形態が認められていない。よって「たすけあいⅡ」を含まず実質的には保険と呼べる商品を提供していたとしても「保険」の名称を使うことが出来ない。よって講学的には協同組合保険であるといえても、事業の上では、「保険」という名称を使えず、そのかわりに「共済」という名称を使ってきたという歴史がある。

　商品構造にみる「たすけあい」という機能からみれば、共済と保険の相違は明らかであり、両者の関係は集合式であらわせば、共済⊂保険である[17]。ところが現代の共済を企業形態論的にみれば、協同組織によって保険契約[18]を提供する団体と定義づけることができる。表1-1-1は、行に商品の機能、列に事業形態を配したものである。協同組合という事業形態を採用し、「たすけあいⅠ」かつ／または「たすけあいⅡ」の共済商品を提供するものと、同じく協同組合という事業形態を採用するが、「たすけあいⅠ」の部分集合である「たすけあいⅡ」の共済しか提供しないものがある。わが国の保険業法の「保険」の定義から離れて考えれば、前者を「協同組合保険」と呼び、後者を「共済」と呼ぶのがふさわしいように思われる。

　共済と保険の相違は、提供する商品の位相と、事業を行う主体の企業形態の位相の二つにわけて考える必要がある。共済と保険の相違が明確にならないのは、この二つの位相をごちゃまぜにしていることによる場合が多い。

　第2節で検討した二つの「たすけあい」という機能を前提として、企業形態を重ね合わせてみると、どんなものを「共済」(Mutual aid) と呼

び、また「協同組合保険」(Cooperative insurance) と呼ぶべきかということ
が明確になったものと思われる[19]。

4.　まとめ

　保険の仕組みを中心とした「たすけあい」には二種類ある。ひとつは、
保険事故が起こった者に対して保険金（共済金）が給付されるという事
実をもって「たすけあい」とするものであり、本稿ではこれを「たすけ
あいI」とした。もうひとつは、保険（共済）団体の内部補助をもって、
低リスク者から高リスク者に対して「たすけあい」が生まれる。これ
を「たすけあいII」とした。ここで留意すべきことは、「たすけあいII」
が、「たすけあいI」の部分集合であることである。集合の式でしめ
せば、「たすけあいII」⊂「たすけあいI」である。「たすけあいI」の
意味では、共済も保険も助け合いの制度である。

　「たすけあい」という共済や保険の機能の面からの分析を前提とし
て、共済と協同組合保険の相違について検討を加えた。「たすけあい
I」の部分集合である「たすけあいII」を中心にした共済商品を提供す
るものを共済と呼び、「たすけあいI」を提供するものを協同組合保
険と呼ぶということを提起した。その理由のひとつは、国際的な相互
理解に資すると考えたためである。わが国では法律の関係で、協同組
合保険は存在しないが、事実上は立派に存在しているので、学術用語
として、協同組合保険という概念を使ってもよいと考えた。

　本節では、「たすけあい」という機能に焦点を絞って、共済と保険
の相違を検討した。機能的な認識にもとづいて、企業形態論的な観点
を交差させて、共済と協同組合保険の相違についても考察し、相違に
もとづく名称（概念化）について提起した。しかしながら、脚注でも述
べたように、「たすけあい」という機能から見出した内部補助以外に
も共済と保険の相違を明らかにする方法があるはずである。これにつ
いては今後の課題としたい。

注

1　「たすけあい」の表記は様々であるが、古くは「扶け合い」が使われていたが、最近では、「助け合い」が使用されるのが一般的のようだ。本稿では、理論的に論じる場合に「たすけあい」と表記し、そうでない場合には「助け合い」と表記する。

2　この区分は、生協総研の研究会における栗本昭教授の指摘による。

3　「共助の組織が自助の共済を提供する」というのが、筆者の栗本昭教授の指摘に対するとりあえずの回答である。

4　産業組合法を推進した主体は、中小企業従事者や労働者ではなかった。推進した中心人物は法務官僚の平田東助や品川弥次郎であった。

5　戦時期に産業組合による保険営業の動きがあり、その動きは戦後の共栄火災の設立につながった。

6　本位田祥男「協同組合の共済事業」『共済と保険』1960年。

7　その先鞭を切ったのが後のJA共済であった。

8　リスクの概念およびリスク分散については、米山高生『リスクと保険の基礎理論』同文舘出版、2012年を参照されたい。

9　プーリングアレンジメントについて詳しくは、ハリントン、ニーハウス著、米山、箸方監訳『保険とリスクマネジメント』東洋経済新報社、2005年を参照。

10　損害保険実務家が好む「一人はみんなのために、みんなは一人のために」(One for all, all for one)という言葉は、この「たすけあいⅠ」に相当する。ちなみにこの言葉を保険に適用する解釈は誤りだとする意見もある。「一人はみんなのために、みんなは一つの目的のために」という意味が正しいというものである。

11　リスク区分のためのコストが大きい場合には、リスク区分しない方が合理的であることもありうる。注15を参照。

12　逆選択については、下和田功編『はじめて学ぶ、リスクと保険[第3版]』有斐閣、2010年、pp.88-90を参照。

13　ここでは逆選択のみをあつかったが、逆選択と同じ情報の非対称性によって生じるインセンティブ問題としてモラルハザードがある。モラルハザードは、逆選択が契約前の情報の非対称性によって生じる問題であったのに対し、契約後の被保険者の行動の変化によってももたらされる期待損失額の上昇から生じる問題である。協同組合による共済はモラルハザードの防止の点で効果を発揮する可能性がある。この効

果の理論的位置づけについては別稿で検討したい。生協総研研究会で
この点を指摘いただいた岡田太教授に感謝したい。

14　内部補助だけで共済の機能論的な特徴を代表してよいのかという疑
問が生じるかもしれない。たしかに内部補助以外にも共済の機能論的
な特徴をあげることが可能かもしれない。たとえ機能論的な特徴が他
にあったとしても、「市場の規律が効かない部分がある」という特徴が
本質的なものであることを忘れてはならない。

15　民間保険でも、たとえば団体契約のように個々の契約者に対して画
一保険料を設定することもありうる。しかしこれは、市場の規律にし
たがった結果、逆選択や経費などを勘案した上で画一保険料とするこ
とが合理的である場合に限るものである。この点において、共済にお
ける画一掛金とは本質的に異なるものである。

16　日本共済協会の英語名は、Japan Cooperative Insurance Association
Incorporated である。JA 共済連は、Zenkyoren, あるいは National Mutual
Insurance Federation of Agricultural Cooperatives　となっている。大学生協
共済連は、University Co-operatives Mutual Aid Federation だ。JA 共済連は、
現在では National Kyosai Federation of Agricultural Cooperatives とされてい
るようである。

17　この集合式の意味は、共済が保険の部分集合であるが、このことに
対して「共済は保険の一部ではない」と異議を唱える人がいるかもしれ
ない。これは「たすけあいⅡ」⊂「たすけあいⅠ」ということの言い換え
に過ぎないものであり、共済が保険に従属的であるということを意味
しているのではないということに留意されたい。反対に用語法でいえ
ば、保険が法律に定義された概念であるのに対して、共済がより広い
概念として用いられており、この場合は「保険⊂共済」であることにな
る。

18　共済契約といわず、あえて保険契約としたのは、保険法では共済と
か保険とかの名称を問わず契約を規律するルールが定められることに
なっているためである。また共済契約としてしまうと、「たすけあいⅡ」
の契約のみが共済団体が行うものであると誤解されるためである。

19　英語圏と情報共有する際に、「たすけあいⅡ」が中心の共済団体
は、Mutual aid とし、「たすけあいⅠ」を提供する共済団体を Cooperative
insurance と呼ぶのが誤解を招かないと思われる。この他に Mutual
insurance という表記があるが、これはアメリカや日本の大手生命保険
会社が採用する相互会社形態と混同される可能性がある。

第2章

生協共済の組織的特質、制度的枠組みとアイデンティティ

栗本　昭

1. はじめに

　生協共済の事業は近年大きな発展を遂げ、共済を含む広義の保険業界でも一定のポジションを占めるようになったが、2005年の保険業法の改正や2008年の保険法の制定により保険会社との制度的な差異が縮小してきた一方、業界における競争の激化により、事業運営方式にも違いが見えにくくなってきた（制度的および競争的同形化）。生協共済とは「生協法に基づく共済事業」であるが、保険業法に基づく株式会社、相互会社の保険事業との比較を通じて生協共済のアイデンティティ、特質を明らかにすることにしたい。なお、相互会社はミューチュアル（mutual）の訳語であるが、日本では保険会社のみに存在する組織形態である。しかし、日本の相互保険会社は協同組合保険・ミューチュアル保険の国際団体であるICMIF（国際協同組合保険連合）に加盟しておらず、その企業行動から見て協同組合よりも株式会社に近い組織である。なお、ミューチュアルはイギリスの住宅金融組合（building society）、アメリカの貯蓄貸付組合（S&L）など、海外では銀行の組織形態として広範に活動しているが、日本の相互銀行は1968年の金融機関の合併及び転換に関する法律に基づく認可によりほとんど全てが普通銀行（第二地方銀行）に転換したため、現在は存在しない。

　この小論では生協共済のアイデンティティ（共済らしさ）について考察するために、組織形態論から見た協同組合と相互会社の違いについて検討し、世界の協同組合保険・相互会社保険と日本の共済の比較を行う。続いて、生協共済の制度的枠組みについて記述する。さらに、協同組合のアイデンティティについて解説し、生協共済のアイデンティティを体現する事業と組合員活動のあり方について考察する。

2. 組織形態論から見た協同組合と相互会社

(1) 協同組合と相互会社の定義

　共済を定義するとすれば、それは保険協同組合または協同組合保険である。すなわち、保険の原理あるいは制度（大数の法則、収支相等の原則、給付反対給付均等の原則）[1]を使って組合員のリスクを軽減することを目的とする協同組合である。日本の共済には後述するように労働組合共済、公務員共済、自治体共済など多種多様な組織が含まれるが、それらに共通する定義はない。日本共済協会では他の共済と区別するために「協同組合共済」という用語を使っているが、これには「協同組合による共済」以上の意味はない。共済と保険の上位概念として「保障」を措定する考え方もあるが、それは社会保障との境界をあいまいにし、考察の対象に対する理解をさらに困難にする可能性がある。

　ICA（国際協同組合同盟）の「協同組合のアイデンティティ声明」は「協同組合は、人びとの自治的な組織であり、自発的に手を結んだ人びとが、共同で所有し民主的に管理する事業体を通じて、共通の経済的、社会的、文化的なニーズと願いをかなえることを目的とする。」と定義している。アメリカ農務省や研究者は「利用者の（所有）、利用者による（管理）、利用者のための（目的）組織」という定義をよく使うが、これは利用者主導の協同組合と投資家主導の株式会社と対比するのに有益な定義である[2]。

　一方、ミューチュアルは利用者（契約者）が集団的に所有・管理する組織であるという点で協同組合と類似性をもつが、協同組合と異なり利用者による出資はない。ミューチュアルにおける資本に相当するものは基金であるが、これは当初は負債（借入金）であり、その後の事業剰余による内部留保の蓄積を通じて形成されたものである。ICMIFはミューチュアルを「出資金はないが、利用するメンバーによって所有される組織」と定義している。保険事業を行うミューチュアルには保険ミューチュアル（生命保険、損害保険）とともに医療ミューチュアル

(健康保険) がある[3]。また、イギリスでは協同組合と金融・保険ミューチュアル、さらに公共サービスミューチュアル[4]を含む団体を広義の「ミューチュアル・セクター」に含め、そこから離脱して株式会社等に組織転換することを demutualisation (脱ミューチュアル化) と呼んでいる。

(2) 所有権理論から見た協同組合と相互会社

　マイケル・クックは所有権理論に基づいて、異なる組織形態は特有の所有権構造を持っていると説明している (表1-2-1)[5]。協同組合と公開株式会社は資本への出資 (出資金、株式、いずれも share) があるという点を除いて大きく異なる。株式会社は出資配当・残余財産の無制限の請求権 (自益権) とそれに基づく持株に比例する支配権 (共益権) という点で「完備所有権」を持つのに対して、協同組合は出資配当の制限 (第3協同組合原則) と一人一票の支配権 (第2協同組合原則) という点で「不完備所有権」を持つとされる。協同組合とミューチュアルは一人一票の議決権、利用高配当 (掛金割り戻し)、残余財産の償還可能性という点は共通しているが、出資金および出資配当の有無という点で異なる。ミューチュアルと非営利組織は出資金を持たない、そのため出資配当がない (非営利) という点で共通している。

　ヘンリー・ハンズマンは契約コストと所有コストを比較することによって企業は組織形態を選択するとし、生命保険会社にミューチュアルが多い理由を次のように説明している[6]。不確実性の下における長期的な生命保険契約に伴うリスクを軽減するために相互会社形態を選択したことは保険販売者の側の機会主義的な行動を回避するために役立ったとし、この役割は消費者協同組合による機能よりも、非営利組織によって提供される機能との間により大きな共通点を持っていると評価している。さらに、相互保険会社の取締役会は本質的に自薦によって選ばれ、契約者は内部留保を自分たちで分配するための実質的な権利を持っていないとして非営利組織とのガバナンス上の共通点を指摘している。

表1-2-1　異なる組織形態の所有権構造の特徴

	協同組合	ミューチュアル	非営利組織	公開株式会社
剰余金の帰属	組合員	顧客	組織・公益	投資家
所有と利用の分離	なし	なし	あり	あり
出資金の有無	あり	なし	なし	あり
出資による支配権	一人一票	なし	なし	持株比例
出資金の譲渡可能性	なし	—	—	あり
出資配当の範囲	制限あり	—	非分配制約	無制限
利用高配当の有無	あり	あり	なし	なし
残余財産の譲渡可能性	なし	なし	なし	あり
残余財産の償還可能性	あり	あり	なし	なし
所有権の性質	不完備所有権	所有権なし	所有権なし	完備所有権

出典：Chaddad and Cook 2004 から作成

(3) 組織形態に関する法制度

　日本銀行金融研究所は「組織形態に関する法制度については、新し
い組織形態の創設、特定の事業に関し利用できる組織形態の範囲の拡
大等、組織形態の多様化・流動化とでもいうべき動きが生じており、
またそれを受けて組織にかかわる税制面においても新たな動きがみら
れる。こうした中にあって、企業活動その他の共同事業の円滑化を図
る観点から、組織形態に関する法規整（私法ルールや課税ルール）はいか
にあるべきか、組織形態に関する近時の立法の背後に理論的・政策的
整合性を見出し得るか等といった点が問題となる。」という問題意識
に基づき「組織形態と法に関する研究会」を設置し、2003 年に報告書
を発表した[7]。この報告書は現行の組織形態として、営利法人、非営
利法人、組合形態、信託形態に分類し、非営利法人として公益法人、
NPO 法人、中間法人、協同組合、相互会社、士業法人をあげ、それ
ぞれの特徴を記述している。一般的に、剰余金の分配を行わない公益
法人や NPO 法人は非営利法人として分類されるが、日本の法律では
出資配当を行う協同組合も非営利法人として位置付けている。そこで

「協同組合は、組合員の相互扶助（組合員の事業または生活の助成）を目的
とするため、非営利法人ないし講学上の中間法人に分類される。」と
位置付けている。これに対し、「相互会社とは、保険業を行うことを
目的として、保険業法に基づき設立される保険契約者を社員とする社
団をいう。」と定義している。いずれも株主への無制限の配当を目的
としていないという点で、広義の「非営利」(not for profit) の組織として
位置付けている。

(4) 保険監督者国際機構の指針

保険監督者国際機構(IAIS) は国際的に整合性がある保険監督を促進
し、保険契約者の利益保護と公正・安全・安定的な保険市場の発展・
維持を確保することを目的としている。同機構には現在約140か国の
保険監督当局等が参加しており、保険監督の基本原則等を定めた ICP
(保険基本原則) を採択している。しかし、各国の監督官は、ICP をす
べての保険者に一律に適用するわけではなく、各保険者の「性格、規
模、複雑性」に応じて柔軟に適用することが認められている。IAIS は
ミューチュアル・協同組合・地域を基盤とする組織(MCCOs) に対し
て ICP を適切に適用するための指針として 2017 年に「MCCOs への規
制・監督に関する適用文書」を発表した。この文書は MCCOs の特徴を、
①会員所有、②民主制、③連帯、④特定の集団、目的に奉仕、⑤非営
利の5点にまとめ、「監督手段は当該地域の監督目的達成のために適
切なものとすべきであり、必要以上のものとすべきではない」という
比例原則を考慮して ICP を適用することを提起している[8]。この点は
共済の規制・監督においても強調されるべき視点である。

3. 世界の協同組合保険・相互会社保険と日本の共済の比較

(1) 世界協同組合モニターの統計

『国際協同組合運動』の著者であるジョンストン・バーチャルは「消

費者所有の保険事業者」として、友愛組合（フレンドリー・ソサエティ）、相互保険会社（ミューチュアル）、第 2 次協同組合（連合会）として設立された組織の 3 つを取り上げている。第 3 の類型は協同組合、相互会社、株式会社によって設立された連合会組織で、1997 年時点でそれぞれ 51％、28％、21％を占めていた[9]。その中にはイギリスの生協によって設立された CIS、カナダ・ケベック州のコープ・ヴィ、ベルギー労働党によって設立されたラ・プレボワヤンス・ソシアルが含まれている。

　ICA の『世界協同組合モニター』は保険協同組合・ミューチュアルのランキングを示すが、これは ICMIF の統計をベースにしており、10 位までのランキングにおいて協同組合は全共連とアクメアのみで、残りは相互会社である[10]（表 1-2-2）。ICMIF は会員ではない日本の相互保険会社も定義上ミューチュアルであるとしてランキングに加えているが、これらの相互会社は多国籍化をすすめる事業戦略、保険金不払い問題の多発、役職員の高額報酬など、株式会社と多くの共通点をもち、また、日本生命など 5 社を除いて株式会社に転換していることに注意する必要がある。さらに、ICMIF の統計はスイスの再保険会社

表 1-2-2　2019 年版『世界協同組合モニター』における保険部門のランキング

	組織名	国名	掛金収入※	組織形態
1	全国共済農業組合連合会	日本	51.69	協同組合
2	日本生命	日本	48.36	相互会社
3	ステート・ファーム	アメリカ	42.42	相互会社
4	タランクス・グループ	ドイツ	37.36	相互会社
5	リバティ・ミューチュアル	アメリカ	35.79	相互会社
6	明治安田生命	日本	26.98	相互会社
7	住友生命	日本	23.98	相互会社
8	ネーションワイド	アメリカ	22.20	相互会社
9	アクメア	オランダ	21.87	協同組合
10	コヴェア	フランス	18.62	相互会社

※ 2017 年度統計に基づく、単位 10 億ドル

スイス・リー（Swiss Re）の統計を援用しており、相互会社・協同組合
の法人格を持つ団体のほか、相互会社・協同組合の子会社、それ以外
の類似の団体を含む統計であり、これは実態以上に数字を膨らませて
いるという批判もある[11]。

(2) ヨーロッパのミューチュアル・協同組合保険

　ヨーロッパのミューチュアル・協同組合保険の種類は約40に上る
が[12]、EU における業界団体としての AMICE（欧州ミューチュアル・協同
組合保険協会）によれば、保険事業を行う制度と組織形態は国によって
異なる。多くの国ではミューチュアルのみが法定されているのに対し、
協同組合のみが法定されている国、両者が法定されている国が存在す
る（**表1-2-3**）。また、イタリアのウニポールは 1962 年に損害保険協同
組合として出発したが、多くの合併・買収を経て、現在は多くの生
協が所有する金融持株会社となり、国内第 2 位の保険事業者となって
いる。このような事情から、EU レベルの多国籍の法人格を創る欧州

表1-2-3　ヨーロッパのミューチュアル・協同組合による保険事業の制度・組織の有無

ミューチュアル		協同組合		国名
制度	組織	制度	組織	
○	○			オーストリア、デンマーク、フィンランド、フランス、ドイツ、アイルランド、オランダ、ポーランド、ポルトガル、スロベニア、スウェーデン、イギリス；ノルウェー
○	×			クロアチア、ルーマニア
○	○	○	○	イタリア、ベルギー
○	×	○	×	スペイン、ハンガリー、ルクセンブルク
		○	○	ギリシャ※、チェコ；スイス；トルコ
		○	×	リヒテンシュタイン
ミューチュアル協同組合				ブルガリア※、ラトビア
×	×	×	×	キプロス、エストニア、リトアニア、マルタ、スロバキア；アイスランド

※ギリシャは損保と再保険のみ、ブルガリアは生保のみ　；以降は非 EU 加盟国

ミューチュアル法の立法の可能性は限りなく低いということである。

(3) 日本の共済の形成過程

　日本の共済は特有の組織名称であるが、保険業をめぐる政治過程によって歴史的に形成されてきた。産業組合法は購買・販売・信用・生産(後に利用)の4種類の事業を認めていたが、保険事業は認めていなかったため、早い時期から協同組合の保険事業を加えるように求める運動があった。賀川豊彦も『協同組合保険論』を著してその必要性を訴えた。しかし、保険業界の反対で協同組合保険は実現せず、産業組合は保険会社を買収して共栄火災を設立することによって保険事業への足掛かりをつかんだ。第2次世界大戦後、協同組合保険の法制化運動は暗礁に乗り上げる中で、北海道農業会の任意共済事業の拡大の試みを経て、1947年制定の農協法に共済の規定が盛り込まれ、翌年から北海道共済連は生命共済と家屋共済を開始した。その後、水協法、生協法、中協法に共済規定が盛り込まれ、漁協共済、生協共済、中小企業共済へと広がっていった。1953年には共済の規模の抑制、管理強化を企てた大蔵省による「保険協同組合による事業に関する法律要綱案」が作られたが、共済団体の反対運動によって国会提出が阻止された[13]。その後、共済と保険は異なる組織原理を持つ団体として独自の進化をとげた(歴史的経路依存性)。この他、特別法による共済(農済、漁済など)、労働組合法による共済、国家公務員共済法などによる公務員共済(年金・健保)、地方公共団体による市民共済など、共済の種類は百花繚乱のように大きく広がった。2005年の保険業法改正により、根拠法を持たない「無認可共済」は制度上消滅した。

4. 生協共済の制度的枠組み

(1) 根拠法としての消費生活協同組合法

　生協共済の根拠法は消費生活協同組合法(生協法)である。生協法は

「国民の自発的な生活協同組織の発達を図り、もつて国民生活の安定と生活文化の向上を期すること」を目的とするが（第1条）、組織法としての側面と事業法としての側面を持つ。組織法とは組織の設立、管理、財務、合併・解散、登記、監督等に関わる法律で、会社法、一般社団・財団法や特定非営利活動促進法（NPO法）と同様の規整からなる。事業法（業法）は特定の業種の営業の自由を公共の福祉のために行政に監督によって制限する内容の法律を指す。本来、両者は異なる目的を持った法律であるが、日本においては両者が入り組んでおり、しばしば同一の所管官庁のもとに置かれていることを特徴としている。例えば、保険業法は保険業に関する業法であるが、同時に相互会社に関する組織法としての規定を含んでいる。他の協同組合法と同様、生協法は生協に関する組織法であると同時に事業法としての側面を含んでいる。すなわち、行うことができる事業の種類を限定列挙し、「組合員の生活の共済を図る事業」を規定している（第10条1項4号）。また、区域を都道府県に制限し（第5条1項）、組合員以外の利用を完全に禁止している（第12条3項）。さらに、2007年の生協法改正によって、共済事業を行う組合は他の事業を行うことができないとする兼業禁止の規定が盛り込まれた（第10条3項）。

(2) 会社法や保険業法の規定の準用と保険法

　また、生協法は共済事業に関して会社法や保険業法の規定を準用する多くの規定を盛り込んでいる。保険業法は「保険業の公共性にかんがみ、保険業を行う者の業務の健全かつ適切な運営及び保険募集の公正を確保することにより、保険契約者等の保護を図り、もって国民生活の安定及び国民経済の健全な発展に資すること」を目的とするが（第1条）、「他の法律に特別の規定のあるもの」は保険業の定義から除外している（第2条）。一方、生協法は近年会社法や保険業法の規定の準用を通じて共済事業関連のルールを充実させてきた。生協の共済事業には共済金の給付責任を負う元受共済事業と共済事業の推進などの業務

を前者から受託する受託共済事業（共済代理店）がある。共済事業に関
するルールには以下のものがある[14]。

a) 共済の健全性を確保するためのルール：元受共済生協が対象

　①単位生協1億円、連合会10億円の最低出資金（第54条の2）

　②子会社規制、株式保有規制（第4章の3）

　③責任準備金、支払備え金、異常危険準備金の積み立て（第50条
　　の7〜第50条の9）

　④法定準備金の加重（第51条の4）

　⑤業務・財産状況を記載した書類の一般開示（第53条の2）

　⑥元受共済事業を行う連合会、大規模単位生協（負債総額200億円超）
　　の外部監査（第31条の8）

b) 推進に際しての加入者保護を目的とするルール：元受共済生協・
受託共済生協が対象

　①推進業務の委託先（共済代理店）の限定、再委託の禁止（第12条の2）

　②虚偽説明など推進にあたっての禁止行為（準用保険業法第300条）

　③説明義務の履行、個人情報保護など健全経営の確保措置（第50
　　条の6）

　④クーリングオフ（準用保険業法第309条）

　保険契約に関する保険法の規定はそのまま共済事業に適用される。
保険契約は「保険契約、共済契約その他いかなる名称であるかを問わ
ず、当事者の一方が一定の事由が生じたことを条件として財産上の給
付（生命保険契約及び傷害疾病定額保険契約にあっては、金銭の支払に限る。以
下「保険給付」という。）を行うことを約し、相手方がこれに対して当該
一定の事由の発生の可能性に応じたものとして保険料（共済掛金を含む。
以下同じ。）を支払うことを約する契約をいう。」と定義され、共済契約
と同義とされている。

　この他、生協法の下位法規として、施行令、施行規則、施行規程、
模範定款例などがあり、また、厚生労働省「共済事業向けの総合的な
監督指針」がある。

(3) 生協共済の種類

　生協共済、すなわち生協の共済事業を行う団体と共済にはいくつか
の種類がある（**表1-2-4**）。コープ共済や大学生協共済は地域購買生協
や大学生協を母体組織としているが、こくみん共済と都道府県民共済
は労働組合を出発点としている。コープ共済はかつて母体組織の一部
門として活動していたが、2007年の生協法改正により共済事業の他
事業との兼営が禁止されたために組織として独立したものである。後
者は職域を基盤として出発し、その後地域に進出しているが、同時
に産業別組合を基盤とした単産共済も活動している。こくみん共済
coop〈全労済〉は保険会社やJA共済と同様多くの種類の共済を取り
扱っているが、他の共済団体は生命共済などに種類を限定している。

(4) 共済生協連合会という組織構造

　生協共済に固有の制度としては連合会という構造がある。これは生
協法に規定されている組織形態であるが、他の保険会社には見られな
い制度的枠組みである。連合会は共済契約の引き受けによるリスク負
担、勘定系システムによる事務処理、新商品の開発を行うとともに、
全国的な事業推進、教育・研修、広報などを通じて会員生協への支援

表1-2-4　主な生協共済団体で実施している共済の種類

共済団体	商品名	火災	生命	傷害	自動車	年金	その他
こくみん共済coop〈全労済〉	こくみん共済	○	○	○	○	○	○
コープ共済連	コープ共済	○	○				
大学生協共済連	学生総合共済		○				
全国生協連	都道府県民共済	○	○	○			
生協全共連	市民共済	○	○	○			
防衛省生協	生命・医療共済	○	○				
神奈川県民共済	県民共済		○	○			○

出典：日本共済協会『共済年鑑』

機能をもつ。一方、会員生協は組合員、契約者とのコンタクトを通じて生協の共済事業を推進する現場である。

　全労済は職域を基盤とする都道府県労働者共済（労済生協）を会員とする共済専業の生協連合会であるが、1976 年に後者を組織統合して運動方針、共済事業、損益会計、機関・事務局運営を一本化し、単一事業体として運営を行っている[15]。全労済にとって労済生協は支店であり、自動車修理工場などは代理店である。他方、コープ共済は 1980 年代に日本生協連と地域購買生協の共同引受によって開始されたが、2007 年の改正生協法によって共済事業の兼営が禁止されたことに伴い、2009 年に日本生協連から組織分離して設立されたコープ共済連に対して単位生協は共済事業を移転し、共済代理店としての役割を果たしている。コープ共済連は会員である生活クラブ共済連、パルシステム共済連、グリーンコープ共済連と共同引受を行っているが、「新あいあい」と火災共済は全労済が契約引受団体となっている。

(5) 在日米国商工会議所の共済に関する意見書

　在日米国商工会議所（ACCJ）は日本政府に対し、「制度共済および認可特定保険業者と金融庁の監督下にあり免許を付与されている保険会社との間における規制面で平等な競争環境の確立を要請する」との意見書を提出し、以下の要請を行っている。

1. 国際的に受け入れられている IAIS の保険基本原則に則った金融庁の監督下に置かれること
2. 責任準備金積立規制等、金融庁監督下の保険会社に適用されるものと同じルール・規制が適用されること
3. 共済等の破綻が起きた際に顧客を保護するため、セーフティネットへ資金を拠出し、かつ金融機関の秩序ある処理の枠組みに参加すること
4. 金融庁監督下の保険会社と同じ水準の税を負担すること（法人税を含む）

　しかし、この要請は日本の法・行政制度の特質と共済の歴史を度外視したものであり、共済が各種協同組合法を通じて保険業法と同様の規整のもとにあることを無視している[16]。日本政府も意見書について共済はそれぞれの主管官庁によって同等の規制の下で活動していると答弁している。契約者保護機構については、共済団体の規模の違いが大きいところから実現していないが、再共済・再保険の形でセーフティネットを作っている。また、会社と協同組合の法人税率の違いは現在 4％程度に縮小しているが、これは員外利用禁止などの規制によって協同組合の事業機会が制約されていることと関連している。

5. 協同組合のアイデンティティとは

(1) 協同組合のアイデンティティ声明

　それでは協同組合のアイデンティティとは何か。それは ICA が1995 年に採択した「協同組合のアイデンティティ声明」に集約されている。これは協同組合とは何か（定義）、協同組合が大切にするものは何か（価値）、価値を実践するための指針は何か（原則）を 1 頁にまとめた文書である（付属資料参照）。要約して「協同組合の価値と原則」と呼ばれることもある。これは世界の協同組合の最大公約数としてまとめられた規範であるが、2001 年の国連の『協同組合の発展を支援する環境づくりをめざすガイドライン』、2002 年の ILO（国際労働機関）の『協同組合の振興に関する勧告』において公式に取り入れられたことから、政府の活動を規制する国際公法としての性格を持つに至った[17]。

　協同組合原則は 19 世紀のロッチデール公正先駆者組合の実践から生まれたロッチデール原則を基礎として、ICA によって 1937 年、1966 年に定式化され、さらに 1995 年に現在の形になった。その後、多くの協同組合がそのアイデンティティを強化するために、法律や定款の見直し、ガバナンス（組織運営）の改善、役職員とりわけ非常勤理事の教育の強化に取り組み、組織と事業を活性化した。1980 年代

から1990年代にかけて新自由主義の風潮が広がるなかで多くの農協、協同組合銀行や保険ミューチュアルが株式会社に転換したが、アイデンティティ声明の発表以降、脱協同組合化の波は下火になった。しかし、ガバナンスの失敗によって協同組合が内部から崩壊する事例も現れた(イギリスの協同組合銀行、スペインのFAGOR家電製造協同組合など)。2015年には協同組合原則適用のための指針として『協同組合原則へのガイダンスノート』が発表されたが、21世紀における協同組合のガバナンスと運営への原則の適用に関する、より詳細で最新の指針としてこれを活用することが期待されている[18]。

(2) 生協共済のアイデンティティ

　生協共済のアイデンティティを考えるうえで、共済組織に特有の連合会というネットワーク構造に注目する必要がある。これは単一のヒエラルキー構造を持つ保険会社にはない共済の特質である。連合会は事業活動を協同することによる規模の利益の実現と組合員との接点をもつ単協の自律性を両立させる構造である。連合会はリスクの引き受け(アンダーライティング)を集約することによって保険の大数の法則を実現することを可能にするが、単協は組合員とのコミュニケーションを行う共済事業の最前線である。連合会は連帯という協同組合の価値を実践するとともに、協同組合間の協同という第6協同組合原則を実践するという点で協同組合のアイデンティティを体現する存在である。他方、単協は組合員のくらしに密着し、組合員が生活する地域社会の諸問題の解決に貢献するという第7協同組合原則を実践することがアイデンティティを体現することになる。同時に、連合会というネットワーク構造をもった組織を運営するための取引コスト(お金、時間)をどのように最小化するか、連合会における意思決定に単協の意思や組合員の声をいかに反映するかというガバナンス上の課題をかかえている。

6. 生協共済のアイデンティティ（共済らしさ）を示す保険会社との違い

(1) 契約者との関係

　生協共済のアイデンティティ（共済らしさ）はどのような点に表れているか。ここでは契約者との関係、組合員の活動、推進方法、商品設計、社会保険に対する態度、自然災害への対応という点で保険会社との違いを述べたい。まず、契約者との関係をみると、共済は共通の地域や職業を持つ特定の集団のなかの相互扶助を基盤としているのに対して、保険は不特定多数の個人との一対一の契約を基盤としている。前者は生協や労働組合などの母体組織を通じた組合員同士の地域や職域での組合員の助け合いを基盤としていることから、組合員が払った掛金が自分に返ってこなくても、事故にあった他の組合員の役に立ったからよいと組合員が納得するという捉え方も出てくる。これはクレジット・ユニオン（信用組合）が地域・職域・団体のコモン・ボンド（共通の絆）によって成り立っているのと同様の考え方である。また、保険は契約者による保険金の請求という申請主義を基本としているが、共済の場合には職員や他の組合員による助言によって共済金請求の要件を満たす組合員が実際に請求するという事例も報告されている。このような共済の母体組織とのつながりが共済のアイデンティティに影響を及ぼしている可能性があるが、それを実際に共済契約の推進に活用できているかどうかを検証する必要がある。他方、保険において契約者は自分の危険の程度に見合った保険料を支払い、保険会社はそれに見合った保障を提供するということで個人単位の契約として完結している。水島一也はこの関係を保険契約者の直接的結合と間接的結合として説明している[19]（図1-2-1）。ただし、保険の場合も企業による団体保険（団体扱保険）があり、これは企業が掛金を一定割り引くことによって従業員の福利厚生の一環として提供するというケースが多い。労働組合が保険会社と提携して組合員向けの保険を斡旋するケースもある。また、

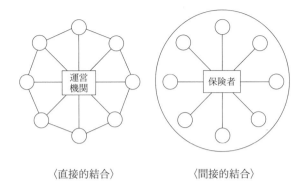

〈直接的結合〉　　　　　　　　〈間接的結合〉

図1-2-1　直接的結合と間接的結合

出所) 水島一也 (2006)『現代保険経済 (第 8 版)』12 頁

3,700 万人の会員を擁する AARP (アメリカ退職者協会) は保険会社と提携
して 700 万人の会員に当該ブランドの健康保険を提供している。

(2) 組合員の活動

　生協共済においては組合員が保障の見直し、ライフプランニング活
動、生活保障設計運動などに参加することが保険との大きな違いであ
る。これは保険料が家計に大きな負担をかけることから本当に必要な
保障は何かを見極めるという家計の見直しの取り組み、様々な金融商
品についての知識を獲得するという金融リテラシーを高める取り組み
と考えられるが、組合員同士、職員が学び合うことによって共済の価
値を実感することができるという点で共済らしい取り組みであり、第
5 協同組合原則を実践することにつながる。大学生協共済では学生が
交通事故や病気に対する保障の必要性を自覚し、自転車事故を減らす
ための啓発活動に取り組んでいる。共済事業においては組合員との接
点は共済事故発生時を除くと年 1 度の契約更新時に限られるため、毎
週組合員とのコンタクトがある購買事業のように活発な組合員活動を
展開することは困難であるが、組合員の健康維持のための活動や自然

災害・事故への備えを強化するための活動、組合員の家計を助けるための活動は生協共済のアイデンティティを強めるうえで重要な役割を果たしている。この点で購買生協や医療生協との提携（コラボレーション）や相互乗り入れ（クロスマーケティング）はますます重要となっている。

(3) 事業推進方法と商品設計

　また、新規契約者獲得のための事業推進方法については、職員による推進のほかに組合員の口コミや学習会を通じた推進が行われている点も共済の特徴である。コープ共済において障がい児の子ども向け共済加入を通じて支払いを受けた事例（「ひろがれ！ゆうくんの輪」2007年、コープ出版）や孫の子ども向け共済加入を通じて家族のきずなが深まった事例（コープさっぽろの「玉手箱」）は共済特有のストーリーテリングとして推進に貢献している。共済が母体組織と協力して事業推進を行うことは保険会社のテレビ・コマーシャルや保険外務員による推進に比べて費用面で優位性を持つ可能性があるが、共済がこのような強みを生かすことができているかを検証する必要がある。

　商品設計については、共済は組合員のベーシックニーズに対応するために、掛金が低額で保障内容が分かりやすい商品を提供している。年齢・地域にかかわらず、一律の掛金を設定している共済、加入時の告知義務を緩和した商品を提供する共済もある。また、商品の設計・開発の過程で組合員の声によって開発された共済商品もある。他方、保険会社は様々の特約をつけることによって保険が複雑化、高額化するケースが多く、不払い問題の多発につながったと言われている。このような商品設計によって、サービス産業生産性協議会がJCSI（日本版顧客満足指数）調査の結果、生命保険部門の顧客満足度において生協共済はトップクラスの評価を受けていると考えられる。

(4) 社会保険との関係

　さらに、社会保険との関係においても共済と保険には違いがある。

共済は疾病、失業、老齢による稼得能力の喪失というリスクに備えるために労働者、農民などによって作られたが、その多くは 19 世紀末から 20 世紀にかけて健康保険、雇用保険、年金保険として福祉国家の中に吸収された。このことは共済セクターの縮小を意味したが、労働者などはメンバーシップが限られた「小さな連帯」から全国民を対象とする「大きな連帯」への前進として肯定的に捉えた。この過程でイギリスの友愛組合は大幅に縮小したが、フランスのミューチュアルは契約者の自己負担分を保障する「補完的」保険者という形で存続した。現在でも多くの協同組合やミューチュアルは社会保険の補完として自らを位置付け、社会保障の充実のために尽力している。これに対して、アメリカの民間保険会社は「国民皆保険」に対する最大の抵抗勢力となっており、トランプ陣営は民間保険を通じて無保険者を減らすことをめざして導入されたオバマケアを破壊しようとしている。このことがコロナ・ウィルスの蔓延に対して有効な対策を打てずに最大の感染者・死者を出したことにもつながっている。このような社会保険に対する態度の違いにも着目すべきであり、共済は他の協同組合や労働組合とともに社会保険・社会保障の維持・充実に尽力する必要がある。

(5) 自然災害への対応

　地震、津波、台風や豪雨による自然災害は地殻変動の活発化や地球温暖化と相俟って年々激しさを増している。各種共済団体は自然災害に対する損失補償と予防の取り組みを強めてきたが、1995 年の阪神・淡路大震災は共済の取り組みを活発化する転機となった。全労済は大震災発生直後に神戸に災害対策本部を設置し、共済契約関係被害状況の早期把握、損害査定体制の確立、スタッフの確保・動員による早期の損害査定処理を行い、共済金支払いに関しては共済金削減規定の不適用、請求手続きの簡素化を行った。また、地震・津波が共済金支払いの免責事由になっている場合、異常災害見舞金を支払った。このよ

うな取り組みはその後の自然災害の際も継続された。さらに、全労済
はコープこうべとともに日本生協連や連合に呼び掛けて「地震災害等
に対する国民的保障制度を求める署名推進運動」を開始し、全国では
約 2,400 万人の署名を集めた。その結果、1998 年には被災者生活再建
支援法が制定された。2011 年の東日本大震災・大津波に際しては神
戸の教訓が生かされ、共済団体は被災者の生活再建のために大きな努
力を払った。その結果、共済全体で共済金支払いは建物共済が 63 万件、
8,305 億円、生命共済が 8 千件、535 億円に達した。ちなみに、保険
会社による支払保険金は、政府が関与する地震保険プールが 69 万件、
1 兆 1,532 億円、生命保険が 16,773 件、1,300 億円となったが、これは
広義の保険事業における共済事業のシェアが 14.2％（JCA 推計）である
ことを考えると共済の果たした役割の大きさを示している。全労済は
その後も「ぼうさいカフェ」などを開催して予防のための啓蒙活動を
行っているが、各共済団体は財務の健全性を保ちながら、再保険・再
共済などのリスク・カバレッジを行い、また事業継続計画（BCP）を整
備することが求められている。自然災害への対応はコミュニティへの
関与という第 7 協同組合原則を実践することであり、他の協同組合と
の連携を含めて共済の真価を発揮することにつながる。

(6) 購買生協や医療生協との連携

　生協共済は自らの組織の中で自己完結するのではなく、母体組織
や他の市民組織との連携によってその潜在力を発揮することができ
る。とりわけ、組合員の健康や福祉を高めるうえで購買生協や医療生
協との連携を深めることはきわめて重要である。また、こくみん共済
coop〈全労済〉は労金や労働者協同組合との連携を深める余地がある。
このような協同組合間の連携を深めることは第 6 原則を実践すること
につながる。ヨーロッパでは 1980 年代から協同組合、ミューチュアル、
非営利組織を含む類的概念として、社会的経済、サードセクターが形
成され、制度化されてきたが、日本では 2018 年に日本協同組合連携

機構 (JCA) が設立され、異種協同組合間の連携の取り組みが始まったばかりである。このような連携を深めることによってネットワークの外部性を発揮し、くらしのセーフティネットを張り替え、ソーシャル・キャピタルを構築することが求められている。

7. おわりに

　グローバル化、情報通信革命、人口転換（人口減少・超高齢化）という大きな流れの中で、生協共済のアイデンティティ（共済らしさ）、保険会社との違いが形骸化する可能性が増大している。それは保険業法や保険法などの規制の枠組みが接近することによる制度的同型化として表れている。また、市場における保険会社との競争の激化による商品内容、事業運営、広告宣伝方法の接近など、競争的同型化の圧力も強まっている。さらに、在日米国商工会議所が日本政府への要望として「共済と民間保険競合者の間に平等な競争環境の確立を要望」と題する意見書を発表しているように外圧も強まっている。他方、地域経済の衰退、自然災害の多発、人と人の関係の希薄化などとの関係で協同組合や共済への期待と役割が高まってきている。

　このような環境の中で、生協共済が今後も発展するために協同組合のアイデンティティを強化することが求められている。それは契約者との関係、組合員参加、推進方法、商品設計、社会保険との関係、自然災害への対応において共済らしさを発揮できるかどうかにかかっている。アイデンティティは、協同組合を支える人々の実践の積み重ねの中から、継続し、発展し、広がっていく。アイデンティティを大切にし、役職員だけでなく、組合員や社会のステークホルダーにも広く伝わるようにしていくことが大切である。

　生協法は購買、利用、共済、医療、福祉などの事業を認めているが、信用事業は認めていない。共済事業は購買事業に次ぐ事業収益、付加価値をあげており、一定の資金的・人的なリソースを持っている。こ

れを活用して、生協共済はコミュニティの持続可能な発展のために尽力することが求められている。その際、バックボーンとなるのが協同組合の原理原則を体現したアイデンティティである。生協共済がそれぞれの地域、組合員の諸問題を解決するためにアイデンティティを深めることを期待したい。

　2021年3月にソウルで開催される予定のICA大会（アジアでは1992年の東京大会以来）は「協同組合のアイデンティティを深める」をメインテーマとしている。これはICA創立から125年、アイデンティティ声明から25年、「協同組合のブループリント（10年ビジョン）」の始点から10年を迎えて、持続可能な開発目標（SDGs）のゴールである2030年に向けての次の10年のための戦略方針を決定することをめざしている。日本の共済＝協同組合保険が協同組合のアイデンティティのモデルを示すことが求められている。

注

1　近見正彦等『保険学（補訂版）』有斐閣、2011年。
2　この定義はリンカーン大統領のゲティスバーグでの演説における「人民の、人民による、人民のための政治」を敷衍したものである。
3　栗本昭「ミューチュアルと共済について考える」、『生協総研レポート』82号、2016年。
4　国営の国民保健サービス（NHS）のファウンデーション・トラストや公立学校から転換した協同組合アカデミー・トラストなど。
5　Chaddad, F. and Cook, M.（2004）"Understanding New Cooperative Models: An Ownership-Control Rights Typology", *Review of Agricultural Economics*, Vol.26, No.3.
6　ヘンリー・ハンズマン『企業所有論：組織の所有アプローチ』、慶應義塾大学出版会、307-330頁、2019年。
7　日本銀行金融研究所「組織形態と法に関する研究会報告書」、『金融研究』2003年12月。
8　猪ノ口勝徳「相互会社・共済に関する規制・監督を世界の保険監督官はどのように考えているか─IAISが公表したMCCOsの規制・監督に

関する適用文書から」、『共済総合研究』76 号、2018 年。

9　Johnston Birchall, *People-Centered Businesses*, Chapter 4, Palgrave, 2011, p.81; *The Governance of Large Co-operative Businesses*（Second Edition）, Chapter 8, Co-operatives UK, 2017.

10　生協共済の順位は全国生協連 87 位、こくみん共済 coop〈全労済〉93 位、コープ共済連は 225 位である。

11　Johann Brazda ed. *The Development of the Mutuality Principle in the Insurance Business*, Lit Verlag, 2020.

12　Panteia, *Study on the current situation and prospects of mutuals in Europe*, 2012.

13　和田武広『共済事業の源流をたずねて：賀川豊彦と協同組合保険』緑蔭書房、2019 年。

14　宮部好広『改正生協法を考える』コープ出版、2008 年。

15　職域共済生協（単産共済）8 会員のうち 4 会員も事業統合している。

16　今尾和實「保険・共済の歴史展開と共済制度の今日的意義」、『生活協同組合研究』2016 年 8 月。

17　Hagen Henry, *Guidelines for Cooperative Legislation, third edition revised*, ILO, 2012.

18　日本語訳は日本協同組合連携機構のホームページに掲載。

19　江澤雅彦「生協共済を『地域の観点』から考える」、『生活協同組合研究』503 号、2017 年。

参考文献

猪ノ口勝徳「相互会社・共済に関する規制・監督を世界の保険監督官はどのように考えているか―IAIS が公表した MCCOs の規制・監督に関する適用文書から」『共済総合研究』76 号、2018 年。

今尾和實「保険・共済の歴史展開と共済制度の今日的意義」『生活協同組合研究』2016 年 8 月。

江澤雅彦「生協共済を『地域の観点』から考える」『生活協同組合研究』503 号、2017 年。

栗本昭「ミューチュアルと共済について考える」『生協総研レポート』82 号、2016 年。

坂井幸二郎『共済事業の歴史』日本共済協会、2002 年。

相馬健次『共済事業とは何か』日本経済評論社、2013 年。

近見正彦他編『保険学・増補版』有斐閣、2016 年。

日本共済協会『共済年鑑』2020 年。

日本銀行金融研究所「組織形態と法に関する研究会報告書」『金融研究』

2003 年 12 月。

ヘンリー・ハンズマン『企業所有論：組織の所有アプローチ』慶應義塾大学出版会、2019 年。

水島一也『現代保険経済（第 8 版）』千倉書房、2006 年。

宮部好広『改正生協法を考える』コープ出版、2008 年。

和田武広『共済事業の源流をたずねて：賀川豊彦と協同組合保険』緑蔭書房、2019 年。

渡辺靖仁「連合会機能の評価と課題：共済事業を例とした一考察」『これからの農協』、農林統計協会、2007 年。

ICA, "World Cooperative Monitor, 2019"（2019 年度版『世界協同組合モニター』）

Okada, F., Onzo, M. and Kurimoto, A., "Mutual Insurance and Co-operative Kyosai in Japan", Johann Brazda ed. *The Development of the Mutuality Principle in the Insurance Business*, Lit Verlag（2020）

付属資料：協同組合のアイデンティティに関する ICA 声明
（日本協同組合学会訳）

《定　義》　協同組合は、人びとの自治的な組織であり、自発的に手を結んだ人びとが、共同で所有し民主的に管理する事業体を通じて、共通の経済的、社会的、文化的なニーズと願いをかなえることを目的とする。

《価　値》　協同組合は、自助、自己責任、民主主義、平等、公正、連帯という価値を基礎とする。協同組合の創設者たちの伝統を受け継ぎ、協同組合の組合員は、正直、公開、社会的責任、他人への配慮という倫理的価値を信条とする。

《原　則》　協同組合原則は、協同組合がその価値を実践するための指針である。

第1原則　自発的で開かれた組合員制

協同組合は、自発的な組織であり、ジェンダーによる差別、社会的、人種的、政治的、宗教的な差別を行なわない。協同組合は、そのサービスを利用することができ、組合員としての責任を受け入れる意志のあるすべての人びとに開かれている。

第2原則　組合員による民主的管理

協同組合は、組合員が管理する民主的な組織であり、組合員はその政策立案と意思決定に積極的に参加する。選出された役員として活動する男女は、すべての組合員に対して責任を負う。単位協同組合の段階では、組合員は平等の議決権（一人一票）をもっている。他の段階の協同組合も、民主的方法によって組織される。

第3原則　組合員の経済的参加

組合員は、協同組合に公正に出資し、その資本を民主的に管理する。少なくともその資本の一部は、通常、協同組合の共同の財産とする。組合員は、組合員になる条件として払い込まれた出資金に対して、利子がある場合でも、通常、制限された利率で受け取る。組合員は、

剰余金を次のいずれか、またはすべての目的のために配分する。
- ・準備金を積み立てて、協同組合の発展に資するため―その準備金の少なくとも一部は分割不可能なものとする―
- ・協同組合の利用高に応じて組合員に還元するため
- ・組合員の承認により他の活動を支援するため

第4原則　自治と自立

　協同組合は、組合員が管理する自治的な自助組織である。協同組合は、政府を含む他の組織と取り決めを行なう場合、または外部から資本を調達する場合には、組合員による民主的管理を保証し、協同組合の自治を保持する条件のもとで行なう。

第5原則　教育、研修、広報

　協同組合は、組合員、選出された役員、マネジャー、職員がその発展に効果的に貢献できるように、教育と研修を実施する。協同組合は、一般の人びと、特に若い人びとやオピニオンリーダーに、協同することの本質と利点を知らせる。

第6原則　協同組合間協同

　協同組合は、ローカル、全国的、（国を越えた）リージョナル、国際的な組織を通じて協同することにより、組合員にもっとも効果的にサービスを提供し、協同組合運動を強化する。

第7原則　コミュニティへの関与

　協同組合は、組合員が承認する政策にしたがって、コミュニティの持続可能な発展のために活動する。

第2部　生協共済の事業運営

第1章

生協共済の事業デザイン

岡田　太

1. はじめに

　厚生労働省「令和元年度消費生活協同組合（連合会）実態調査」によると、2018 年共済（元受または再共済）事業を実施した生活協同組合は 110 組合、それらのうち 10 組合が連合会であった。契約件数は 1 億 603 万件（再共済 2,343 万件を含む）、受入共済掛金は 1 兆 6,667 億円、支払共済金は 9,014 億円、総剰余金は 3,024 億円に達する。事業種類は、短期・長期生命、火災／自然災害、傷害／交通災害、自動車、自賠責、年金、その他および再共済に及ぶ。

　本章の目的は、変革の時代を迎えた生協共済がどのように共済事業をデザインすべきかを検討するための整理を行うことである。はじめに、戦後を起点に生協共済の成長の軌跡を展望する。それは大規模共済だけでなく、全体を俯瞰することで、生協共済を表象する特徴を明らかにする試みでもある。次に、マイケルポーター（Michael E. Porter）の競争戦略論を参考に 3 大生協共済の成長要因を考察する。そして、新たなマーケティングの視点から、今後生協共済がめざすべき進路を提示したい。

　ポイントは大きく 2 つある。1 つは、本書でとりあげられている新たな諸課題を共済事業（本業）の課題としてとらえることである。すなわち、社会的課題の解決を通じて共済事業の持続可能な成長を目指す視点である。もう 1 つは、マーケティングを共済加入の推進にだけ位置づけるのではなく、共済事業プロセス全体における組合員への価値創造と提供ととらえることである。すなわち、多様な価値の創造と提供を通じて組合員の参加を促す視点である。本書のテーマである「未来へのチャレンジ」のキーワードは、組合員と組合員および組合員と職員の価値の共創または共進化である。

2．生協共済の 70 年

(1) 生協共済の歴史の多様性

　初めに、70 年余の歴史を紡いだ共済事業を簡単に回顧し、現状を素描する。

　1948 年消費生活協同組合法[1]が制定施行され、翌年野田醤油生活協同組合 (現在の生活協同組合パルシステム千葉) が共済事業[2]を開始した。当初共済事業は、「吉凶禍福に対する祝金、弔慰金、見舞金または手当金程度の給付事業」(長倉 1949、39) とみなされたが、農協共済など他の共済とともに、多くの困難を乗り越えて、厳密な保険数理に基づく制度へと発展した。

　生活協同組合は同じ地域または職域で結ばれた者で組織されるため、多様な生協が存在する。草創期における生協共済の中心は労働者であった。1950 年代、社会保障制度の整備が遅れる一方、企業の福利厚生にも頼れない状況のなかで、労働者 (自主) 福祉運動が高揚し、労働金庫、労働者福祉対策協議会、地域勤労者生協とともに労働者共済生協 (労済生協) が相次いで設立された。1949 年農協法を根拠に北海道共済連が共済事業を実施したことも後押ししたようである。

　労働者共済は、1954 年大阪府で火災共済事業[3]が開始されたのを嚆矢に、1955 年新潟県、1956 年富山県や長野県などに普及した。その後 1976 年全国統合が実現し、全国労働者共済生活協同組合連合会 (全労済) が創立された[4]。2019 年には、新ブランド「こくみん共済 coop」が誕生した。また、産業別労働組合[5]も労働組合法を根拠に 1950 年代から共済事業を行っていたが、1966 年全日本自治体労働組合、1967 年全国電気通信労働組合 (現在の NTT 労働組合) など、共済生協を設立した。

　一方、1949 年全国酒販生活協同組合、全国特定郵便局長生活協同組合 (現在の全国郵便局長生活協同組合)、1950 年全国たばこ販売生活協同組合など、同業職域においても共済事業が普及した。

　他の地域生協に目を向けると、1953年灘生活協同組合（現在の生活協同組合コープこうべ）や東京都生活協同組合連合会が火災共済事業を開始した。また、1955年神戸市民生活協同組合、1956年新潟市火災共済生活協同組合、横浜市民共済生活協同組合などが火災共済事業を実施した。これらは地方公共団体が主導的な役割を果たした事例であり、「市民（県）共済」と呼ばれた。

　このように、初期の生協共済は主に火災共済事業で存在感を発揮した。そして、（団体）生命共済、総合共済（慶弔共済）、交通災害共済など多様な保障が普及した。

　次に、生命共済事業が注目される契機となったのが、1973年に設立された埼玉県民共済生活協同組合であった。革新的なビジネスモデルで成功すると、1981年全国生活協同組合連合会（全国生協連）がその全国展開に取り組んだ。

　また、1960年代以降全国各地で主婦層を中心に「市民生協」が設立され、購買（共同購入）事業が大きく成長すると、それまでの職域生協や地域勤労者生協に代わる存在となった。日本生活協同組合連合会（日本生協連）は当初から労働者共済に深く関与していたが、女性に対する共済の普及が遅れていたため、1979年全労済から共済事業の一部を受託する形で、CO・OP共済を実施、1984年に元受共済事業を開始した。日本生協連と地域生協の共同事業という独自のビジネスモデルは、生協共済に新風を吹き込んだ。その後、2007年生協法改正により、2008年日本生協連から分離・独立し、日本コープ共済生活協同組合連合会（コープ共済連）が創立された。

　なお、職域生協の1つに大学生協がある。1981年全国大学生活協同組合連合会（大学生協連）が学生どうしの助け合いとして共済事業を開始した。2007年生協法改正により、2010年大学生協連から分離・独立し、全国大学生協共済生活協同組合連合会（大学生協共済連）が創立された。

(2) 共済事業の概況

　次に、厚生労働省「令和元年度消費生活協同組合（連合会）実態調査」から、共済事業の概況をみてみよう。第1に、共済事業実施組合のうちわずか9.1%に過ぎない連合会（**表2-1-1** 参照）が契約件数と受入共済掛金のそれぞれ86.1% と 86.4% を占めている。なかでも、「3 大生協共済」と呼ばれる、こくみん共済coop、全国生協連、コープ共済連の共済事業を合計すると、契約件数で57.0%、[6] 受入共済掛金で84.0%を占め、生協共済事業を牽引している。

　第2に、連合会以外の組合（単位生協[7]）についてみると、2018 年に共済事業を実施している地域生協は81 組合、共済契約件数は746 万件、受入共済掛金は846 億円である。同様に、職域生協は19 組合、共済契約件数は728 万件、受入共済掛金は1,419 億円である。1 件あたりの受入共済掛金は地域生協が11,300 円、職域生協が19,500 円である。また、受入共済掛金が1 億円（10 億円）以上の地域生協は30.9%（6.2%）なのに対して、職域生協は68.4%（47.4%）を占めている。なお、地域生

表2-1-1　共済事業（元受または再共済）を行う連合会（五十音順）

	会員数	契約件数（万件）	受入共済掛金（億円）	総資産（億円）
グリーンコープ共済生活協同組合連合会	—	—	—	—
生活クラブ共済事業連合生活協同組合連合会	33	15	13	36
全国共済生活協同組合連合会	14	102	129	591
全国生活協同組合連合会	47	2,144	6,417	3,596
全国大学生協共済生活協同組合連合会	214	91	98	325
全国電力生活協同組合連合会	11	14	26	93
全国労働者共済生活協同組合連合会	58	3,052	5,640	39,009
日本コープ共済生活協同組合連合会	151	850	1,949	4,520
日本再共済生活協同組合連合会	64	1,815	221	625
パルシステム共済生活協同組合連合会	11	36	29	71

出所：各団体の直近のディスクロージャー資料、非未開示の場合は日本共済協会『共済年鑑』（2021 年版）による。なお、グリーンコープ共済生活協同組合連合会は不明。

協では行われていない自動車共済や年金共済を実施している職域生協
(それぞれ 4 生協と 2 生協) がある。

　単位生協の共済事業は 2000 年代半ば以降、減少傾向が続いている。
契約件数は、地域生協が 2009 年から、職域生協が 2010 年から 1,000
万件を連続して下回り、受入共済掛金は近年、地域生協が 1,000 億円、
職域生協が 1,500 億円を割っている。

　図 2-1-1 は、過去 60 年間の生協共済事業の推移を表す。受入共済
掛金は 2003 年まで順調に増加しているが、それ以降は増減を繰り返
しながら緩やかに成長しているようにみえる。もっとも、2005 年に
過去最高の 1 兆 7,566 億円に到達して以降、それを上回っていない。
一方、共済事業実施組合は 2005 年の 145 組合から減少を続け、2018
年は 25% 減の 110 組合である。

　以上、生協共済の 70 年を概観した。その最大の特徴は、種類や規

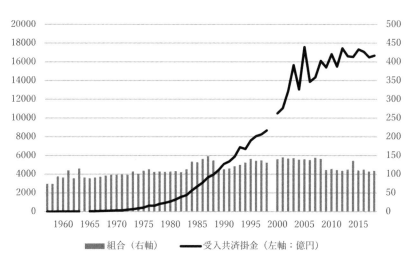

図 2-1-1　生協共済事業の推移 (1957 年〜 2018 年)

注：1999 年はデータなし、組合数は 1989 年度より元受または再共済事業実施組合のみを対
　　象
出所：厚生労働省「消費生活協同組合 (連合会) 実態調査」各年度版より作成

模の「多様性」ではないだろうか。いいかえると、生協を組織する労働者や生活者など、組合員の多様な結びつきを表している。複雑な歴史を包括的に叙述することは難しく、本稿の説明も不十分であるが、生協共済は現在も地域や職域に根を下ろし、多様な形で共存している。

(3) 生協共済の加入者の広がり

　最後に、加入者の所得状況から生協共済の普及の現状についてみてみよう。

　図 2-1-2 は、世帯年収階級別の生命保険および生協共済の加入割合を表す [8]。後述のように、導入期における生命共済の主な対象は低中所得者または経済的弱者であったと考えられる。しかし、生協共済加入世帯の分布は現在、低中所得者に偏っていない。生命保険加入世帯と同様、「世帯年収 400 万円以上 500 万円未満」と「同 700 万円以上 1,000 万円未満」をそれぞれ頂点とする 2 つの山からなる形状の分布をしている。保険と共済の差異が縮小（坂井 2002、268-269）しているともいえるが、「手ごろな掛金でシンプルな保障」が高所得者を含む広い範囲

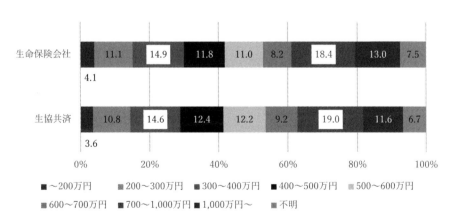

図 2-1-2　生命保険加入世帯と生協共済加入世帯の世帯年収階級別分布

出所：生命保険文化センター（2018）「平成 30 年度生命保険に関する全国実態調査」調査結果一覧－1（Excel ファイル）1-49 および 1-52

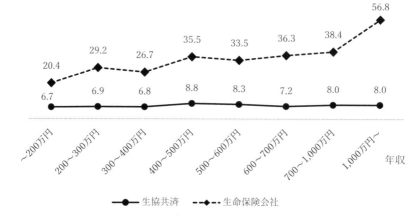

**図 2-1-3　生命保険会社加入世帯と生協共済加入世帯における世帯年収別
世帯年間払込保険料・掛金**

注：1. 生命保険会社はかんぽ生命を含む。生協共済は3大生協共済を指す。
　　2. 世帯年間払込保険料・掛金は個人年金保険料を含む。
出所：生命保険文化センター（2018）「平成30年度生命保険に関する全国実態調査」42頁、
　　図表 I-54 より作成

　の所得階層に普及または浸透した結果なのだろう。ただし、これらは
世帯単位での加入を表しているため、生協共済の加入者が世帯主なの
かまたは世帯員なのかなど、詳細な分析が必要である。

　図 2-1-3 は、世帯年収別でみる民間生保加入世帯と生協共済加入世
帯の世帯年間払込保険料・掛金を表す。共済加入世帯の場合、「世帯
年収 400 万円以上 500 万円未満」が最多の 8.8 万円である。年収階級
別による保険料・掛金の差は、さほど大きくないようにみえる。一方、
保険加入世帯の場合、「世帯年収 200 万円未満」が最も少ないが、世
帯年収の増加とともに増減を繰り返しながら保険料・掛金は増え、「世
帯年収 1,000 万円以上」で急増している。平均すると、共済加入世帯
は 7.7 万円、保険加入世帯は 36.2 万円である（生命保険文化センター 2018、
38）。

　このため、生協共済加入世帯は「世帯年間払込保険料・掛金が 12 万
円未満」が 64.6% であるのに対し、生命保険加入世帯は 16.8% で少ない。

両者の違いはなぜ生じるのだろうか。

　世帯の普通死亡保険金額は、生協共済加入世帯が平均 731 万円なの
に対して、保険加入世帯は平均 2,079 万円であり、死亡保障額は減少
傾向にあるが (生命保険文化センター 2018、26)、生協共済の 3 倍近くある
ため、高額の死亡保障に対するニーズが存在することは明白である。
同様に、世帯の疾病入院給付金日額も保険加入世帯が生協共済加入世
帯を上回る。また、個人年金共済はこくみん共済 coop しか提供して
いない。以上から、ネット系生保など生協共済に近いポジションを取
る生命保険会社を除くと、世帯年間払込保険料・掛金の違いはこれか
ら説明する、保険市場における生協共済と保険会社のポジショニング
の差異を反映しているように思われる。

3. 生協共済の成長要因

(1) 生協共済のポジショニング

　それではなぜ、とりわけ 3 大生協共済は大きな成長を成し遂げたの
だろうか。

　共済への加入は組合員として事業を利用するだけでなく、「たすけ
あいの輪」が広がり、「共通のニーズと願い」を実現するための事業
に参加することを表す。ただし、生協は自発的で開かれた組織であ
り、共済に加入する・しないの選択は組合員に委ねられる。この意味
で、共済事業の成長は組合員に選ばれた結果といえるだろう。組合員
は保険会社や他の共済団体から自由に保障を選択することができるた
め、非営利組織の生協共済もまた市場経済で活動していると考えられ
る。そこで、以下では、マイケル・ポーターの競争戦略論を参考に 3
大生協共済の成長要因を検討する。

　ポーターによれば、企業は競争市場において有利な場所[9]を確保す
る「ポジショニング」が重要である。各共済団体がそれを意図したか
どうかはさておき、競争上有利なポジションを維持できたことが成長

に大きく寄与したと推察される。それでは、生協共済のポジションとはどのようなものを指すのだろうか。

　共済事業が生成する契機は、端的にいうと、保険市場における需要と供給の不適合[10]である。往時、生協の組合員である労働者や主婦は（規制下の）市場価格での保険の購入が困難なため、多くは無保障者であった。また、保険料の家計負担が重い加入者が多数存在した。したがって、生協共済の参入は無保障者の減少だけでなく、家計負担の軽減にも貢献した[11]。保険会社が価格競争に応じなかった結果、生協共済は有利なポジションで事業を展開することができたのではないだろうか。

　このように、生協共済の「手ごろな掛金でシンプルな保障」の基本コンセプトは、戦略論の視点からみると、生協共済が独自の価値あるポジションを創造し、保険会社との差別化を図る基軸となったように思われる。

　改めて歴史を紐解くと、生協共済の先駆けである1949年野田醤油生協の火災共済掛金は「保険会社の4分の1程度」（社会運動通信1961、10）、それを参考にした1954年全大阪労済生協の火災共済掛金は「保険会社の10分の1程度」[12]の安さで、大きなインパクトを与えた。しかし加入可能な口数は上限が設けられ、小口の保障[13・14]にとどまった。現在も使用されている口数方式は生協共済特有のものではないが、大きな特徴の1つといえるだろう。

　次に生命共済事業についてみると、1973年に創業した埼玉県民共済の掛金は「保険会社の5分の1、6分の1」（鶴蒔1996、69）の安さが注目された。その後、1982年埼玉県民共済方式の全国展開を図る全国生協連が県民共済事業を、1983年全労済がこくみん共済事業をそれぞれ開始した際、どちらも「毎月の掛金が2,000円で1,000万円の保障」を提供し、大きな反響を呼んだ。保険会社の商品と異なり、死亡保障にケガや入院など複数の保障を1つにまとめたセット型の保障や年齢や性別を問わず一律の掛金も際立つ特徴[15]であり、以後多くの生協

共済で同様の保障を提供している。

　これらの掛金設定に対して共済事業の財務の脆弱性が懸念され、当時厚生省は共済金額の上限規制など（共済規制）を実施した。その後火災発生率や死亡率の改善も寄与し、生協共済は堅実な事業運営を行った。そして実績を重ねることで規制が緩和される好循環をもたらした。こうして、1990年代半ばの保険制度改革すなわち保険の自由化以前は、ポーターの5つの競争要因（新規参入の脅威、売り手の交渉力、買い手の交渉力、代替製品／サービスの脅威および既存の競争相手）の影響が弱く、生協共済は安定した成長を続けることができたのではないかと思われる。

(2) 低コストの事業構造

　生協共済の特長である「手ごろな掛金でシンプルな保障」を提供するためには、低コストの事業構造が欠かせない。以下では、各生協共済がどのような取り組みを通じてそれを実現したのか概観する[16]。同じようなポジションにいても方法はそれぞれ異なり、多様性がみられる。共通するのは、低コストの加入推進を実施している点である。

①こくみん共済 coop〈全労済〉

　こくみん共済 coop は現在、47都道府県の地域共済生協と4つの職域共済生協を「1つの事業体」として運営を行っている。このため、これらの生協が各々共済事業を営むよりも「規模の経済」による効率的な運営が行われている。

　歴史を振り返ると、1955年大阪府に次いで新潟県で火災共済事業が実施されたが、開始5か月後に戦後最大級の新潟大火が発生し、共済金を支払う財源が大きく不足する事態となった。共済約款は、共済金の分割支払い、支払いの繰り延べまたは削除ができると定めていたものの、「借金はいつか返せる、失った信頼は永久に取り戻せない」（新潟県労働者福祉協議会 2018、6）との信念から、事業主体の新潟県勤労者

福祉対策協議会（新潟福対協）に加盟する労働組合を通じて労働金庫から融資を受け、共済金がすべて迅速に支払われた（全労済30周年記念事業『労働者共済運動史資料篇』編集委員会編1973、122）。

　この新潟大火の経験から、共済事業の全国組織化が加速した。1957年18都道府県の労済生協が中央組織の全国労働者共済生活協同組合連合会（労済連）を結成、火災再共済事業を開始してリスク分散を図った。さらに、すべての組合員の力を結集するため、1976年一部地域を除いて全国の事業が統合され、同一掛金、同一給付が実現した。これを受けて全国組織の略称が労済連から全労済に変更された。

　もう1つ大きな特長として、他の生協共済と同様、生命保険会社の営業職員や損害保険会社の代理店とは異なる低コストの加入推進の体制を構築している。こくみん共済coopの場合、職域では労働組合や事業所など、地域では生協や自治会など全国に約31,000もの「協力団体」が存在し、保障設計を学ぶ拠点となっている。また、こくみん共済coopに共感する約1,200名の「地域推進員」が地域住民に共済の魅力を紹介している。このように、共済加入推進活動は組合員の参加や協力によって支えられている。さらに、全国約200の「共済ショップ」や「共済代理店」など、加入窓口は広範囲に及ぶ。

②都道府県民共済

　全国生協連は現在、43都道府県で共済事業を実施している。共済加入の推進は2,000名近くの「普及員」が各家庭にパンフレットを届け、希望に応じて保障内容を説明するが、勧誘は行わない。折り込みチラシや新聞・テレビ広告なども活用して自発的な加入を促す通販型のスタイルである。効率経営に徹し、事業費の削減に努めており、事業費率は正味受入共済掛金の11〜12％台（埼玉県民共済は3.6％）と極めて低い。

　1973年に開始した埼玉県民共済の端緒は、全金同盟埼玉地方金属の共済制度を労働組合の組合員から県内の生活者全体に広げることであった。このため、労働組合の協力・支援に頼るのは難しく、資金も

限られていたが、創業者の信念と情熱、行動力を通じて、試行錯誤を重ねながら経験効果により独創的なビジネスモデルを実現した。まさに、「生協版ベンチャービジネス」の成功事例であると評価することができるだろう。

③ CO・OP 共済

コープ共済連は現在、全国 149 の会員生協（連合会を含む）で CO・OP 共済事業を実施している。会員生協との共同事業として、「規模の経済」と「範囲の経済」を生かした効率経営を行っている。共済加入の推進では、共同購入（班）や店舗など購買生協の経営資源を活用している。組合員の視点からみると、購買事業、共済事業、利用事業のほか、社会貢献活動や福祉活動のような「ふだんのくらしに役立つ」多様な事業や活動が生協を拠点に展開されている。CO・OP 共済事業はこれらと密接に関わっている点に大きな特長がある。

しかし、CO・OP 共済は当初、先行する全労済や県民共済のような独自のビジネスモデルがなかった[17]。このため 1979 年全労済の元受共済の受託から始まり、1984 年独自の元受共済事業を開始した CO・OP 共済が長い揺籃期を経て成長期を迎えたのは、1990 年代に入ってからであった。元受共済（たすけあい）の普及が当初の計画を大きく下回った理由として、掛け金の安い見舞金タイプの共済であったため、女性の保障ニーズに応えられていなかったこと、掛け金の安さから積極的に働きかけをしなくても加入が進むとみられていたこと、事業の採算性が低く、会員生協が結束して加入を推進する体制が整わなかったことなどがあげられる。

そこで、1989 年日本生協連は CO・OP 共済がめざすべき基本理念を定め、その後手ごろな掛け金で充実した保障の元受共済（新たすけあい）を導入し、会員生協との共同事業を通じて共済事業が生協経営に貢献する相乗効果[18]を発揮した。対面型の加入推進を行う CO・OP 共済にとって、それを担う会員生協の果たす役割は大きい。こうして、

助け合いの輪が広がると保障制度が改善され、さらに輪が広がる好循環が生まれ、成長の階段を駆け上がったのである。

4. 共済マーケティングの展開

(1) 生協共済のバリューチェーン

　生協共済は競争市場において、「手ごろな掛金でシンプルな保障」の独自のポジションを確保することに成功した。ポーターによると、コスト・リーダーシップ戦略や差別化戦略などの基本戦略を実行し、持続的な競争優位を実現するためには、バリューチェーン(価値連鎖)全体の最適化を図る必要がある。

　そこで、バリューチェーンの主活動[19]を共済事業プロセスに適用すると、「商品開発・加入推進」「共済金の請求・支払」「還元」のそれぞれに生協共済の独自性を確認することができる。「手ごろな掛金でシンプルな保障」は、商品開発における保険会社との差別化の要である。たとえば、労働組合や事業所または生協の店舗・配達といった身近な場所やスタッフが共済加入の窓口の役割を果たしている。このような「顧客との親密性(カスタマー・インティマシー)」を活用した加入推進は、生協共済の大きな特長である。また、都道府県民共済の「共済金のスピード給付」やCO・OP共済の「共済金請求忘れゼロ運動」など、共済金の請求・支払に対しても独自の取り組みが行われている。そして、共済掛金の割り戻しは組合員への還元の代表的なものであるが、他にも災害時の見舞金や各種の助成や寄付なども実施されている。

　一方、バリューチェーンのうち、「資産運用」は安全・確実を第一としている。もっとも、近年関心が高まっているSRIやESG投資などの責任投資への取り組み[20]も行われているが、この分野では保険会社が先行しているようである。

　ところで、近年インターネット経由で加入するネット系保険会社が割安な保険料を強みに事業を展開している。また、保険金の支払いが

迅速に行われている。このため、かつてのような差別化が難しく、生協共済の成長に負の影響を与えている可能性がある。しかしながら、現在もなお生協共済が競争優位を維持しているようにみえるのはなぜだろうか。競争戦略論によると、生協共済が組合員に支持され選ばれている理由は、その独自の価値活動が互いに結び付いて相乗効果を発揮し、より大きな価値となって組合員に提供しているからである。各生協共済も現在インターネット加入を導入して、新たな価値活動を模索しているが、価値活動相互の連結関係を調整して全体を最適化する視点を持つことが重要である。

(2) 生協共済のビジネスモデル

　かつて生協共済のビジネスモデルを図式化するために、協同組合原則やビジョン、使命および情熱の共済事業プロセスへの適用と浸透を通じて、各段階に対応する組合員価値と協同組合の役割を明確にするとともに、組合員の生活の質の改善、向上および地域・職域との関係強化と投資からなる構図を描いたことがある (岡田 2008、117)。

　バリューチェーンが価値の創造と提供を担う活動の全体最適化に焦点を置くのに対して、ビジネスモデルの核心をなすテーマはどのような価値を、どのように顧客に提供して利益を得るかである。「手ごろな掛金でシンプルな保障[21]」が特長の生協共済は、「価格の安さ」「わかりやすさ」「利便性の良さ」などの価値を提供する。これらの経済的価値または機能的価値にくわえて、「経験価値」も重要である。

　経験価値とは、商品やサービスの購入、利用、終了に至るプロセスにおいて経験する価値を表し、SENSE (感覚的経験)、FEEL (情緒的経験)、THINK (認知・思考的経験)、ACT (行動的経験) および RELATE (関係的・文化的経験) の5つの要素またはそれらの組み合わせをいう (シュミット 2000、田中 2018)。共済の加入から終了までの各場面で良い経験をするほど、組合員の経験価値は大きくなる。

　いわゆる五感を刺激する SENSE (感覚的経験) の例として、こくみん

共済 coop や CO・OP 共済の案内物のユニバーサルデザインがあげられる。次に、申請の受付や支払いなどに質の高いサービスが期待される共済金の給付は、FEEL（情緒的経験）が重要である。たとえば、埼玉県民共済がスピード給付にこだわる理由は「当日中に払わないと、感動しない」（中野 2006、49）からだという。CO・OP 共済は共済金の申請書類を送付する際に、全国の組合員が助け合いの心を込めた作った折鶴を同封している。こくみん共済 coop や CO・OP 共済は職員が被災地を訪問して被害調査活動や共済金、見舞金の申請案内を行っている。お礼として組合員から感謝の声、ありがとうの声が届く。不快な経験をすれば苦情の声が届く。意見要望もフィードバックされる。もっとも、共済金などの給付やサービスは病気やケガ、災害などに直面しないとその価値を実感しにくい。

　問題解決など組合員の知的欲求に訴える THINK（認知・思考的経験）の例は、保障設計やライフプランの学習があげられる。また、行動変容やライフスタイルに影響を与える ACT（行動的経験）については、CO・OP 共済の健康づくり支援企画がその一例である。最後に、RELATE（関係的・文化的経験）はブランドの社会的・文化的文脈に関わる経験である。組合員であることの誇りや共済に対する特別な思いがあげられる。

　そして、近年社会的課題の解決を目指す「社会価値」の創造が注目されている。この取り組みは、主に共済事業の剰余の「還元」を通じて行われている。こくみん共済 coop は、子どもの健全育成、被災地支援、防災・減災、環境保全、地域貢献助成、社会福祉団体への支援など多様な活動を展開している。これらの社会価値は共済の加入や利用と結びつく場合、経験価値にもなりうる。掛金の一部が環境活動団体に寄付される「住まいる共済・エコ住宅専用プラン」はその典型である。

　表2-1-2 は CO・OP 共済のビジネスモデルを表す。こくみん共済coop と同様、共済事業の「還元」を通じて多様な社会価値が提供され

ているが、CO・OP 共済の場合、地域生協との関係を生かし、組合
員参加型のものが多い。すなわち、組合員との(経験)価値共創が特長
である。具体的には、ライフプランニング活動や長年加入している組
合員や共済金の給付が一度もなかった組合員を招待する「感謝のつど
い」、地域ささえあい助成および健康づくり支援企画などがあげられ
る。これらの独自の取り組みは生協の組合員にとって価値のある、有
益な「関係特殊的投資」の一面があるかもしれない。

　ところで、生協共済の特徴である、男女・年齢一律掛金での保障は「わ
かりやすさ」を組合員に提供するだけでなく、世代内・世代間の相互
扶助や地域・職域での連帯を象徴するものとされている。理念的では
あるが、倫理または文化価値を提供しているともいえるだろう。

　これらの生協共済の取り組みの成果は、日本生産性本部のサービス
産業生産性協議会が過去 3 年以内に保険金や共済金の請求がある者を
対象に実施している「2020 年度 JCSI (日本版顧客満足度指数) 第 3 回調査

表 2-1-2　CO・OP 共済のビジネスモデル

ビジョン・使命	2030 年ビジョン、CO・OP 共済のめざすもの[22]			
事業プロセス	商品開発 加入推進・保全	共済金申請・ 支払	投資・運用	還元
組合員価値	組合員相互の助け合い コープ商品 (安心・信頼)			
組合員価値	低廉、簡便、身近、 丁寧、学習	正確、公正、迅速、 丁寧、おたがいさま	安全、確実	非営利、公平、 貢献、支援
共済事業 組合員活動	組合員の声に基づく改善			割戻の実施、 異常災害見舞金、 感謝のつどい 健康支援、 会員生協の福祉 活動への助成
共済事業 組合員活動	購買事業との連携 ライフプランニン グ活動	コールセンター 折鶴活動、共済金 申請の呼びかけ、 被災地訪問	リスク管理による 健全性の確保	割戻の実施、 異常災害見舞金、 感謝のつどい 健康支援、 会員生協の福祉 活動への助成
共済事業 組合員活動	職員と組合員、組合員間の関係 (つながり) 会員生協とコープ共済連の共創			

出所：岡田 (2010b、307) に加筆、修正。

結果」において、生協共済が常に保険分野の上位を占めている点に表れている。これまでの考察から、経済価値だけでなく多様な価値を提供した結果、組合員満足度が高く安定しているのではないだろうか。

(3) マーケティング活動の拡大

　かつてマーケティングは販売とともにバリューチェーンの主活動の1つとされていた。しかしながら、現在はマーケティングの役割が拡大し、主活動全般に関与していると理解すべきである（恩蔵2019、99-100）。共済事業においても、加入推進だけが組合員の獲得と維持に関わるのではない。契約保全や共済金の支払いなどのサービス提供も契約の継続や新契約の獲得に影響を及ぼすことから、共済事業のマーケティングを広くとらえたほうが望ましい。したがって、組織全体がマーケティングの発想を持つことが肝要である。

　また、顧客価値の観点から、マーケティングを「顧客価値を創造し、伝達し、説得するプロセス」（恩蔵2019、101）とする考え方がある。これまで述べたように、生協共済の「手ごろな掛金でシンプルな保障」の独自ポジションを維持するためのバリューチェーンやビジネスモデルの考え方と照応する。

　組合員価値ベースのマーケティングを展開する際のポイントは、大きく2つある。1つは、共済金を受け取る加入者は一部に限られるため、共済金を受け取らなかった加入者にも組合員価値を提供することである。たとえば、CO・OP共済の「自分の掛金が誰かのために役立つ」（誰かにありがとうといわれる）組合員どうしの助け合いの価値または文化はその典型である。また、損害予防や健康増進活動もすべての加入者に提供すべき価値である。大学生協共済は加入、給付、報告、予防を共済活動の4本柱に据えている。共済の特長として、共済金の支払いは助け合いの心の表現だから、しっかり支払うことが大切であると給付を重視してきた。あわせて、共済金を受け取ることがなくても、助け合いの心が感じられる共済の価値を追求すべきではないだろうか。具

体的には損害予防や健康増進活動を共済事業のバリューチェーンに明確に組み込む必要がある。その場合、生命保険会社の健康増進型保険への取り組みは生協共済にとって参考になる。

　もう 1 つは、組合員と組合員または組合員と職員が一緒に価値を共有し、創造する「共感」と「共創」である。そのためには、組合員や職員のエンゲージメントが欠かせない。その語義は、「理解しようとして誰かにまたは何かに関わること」[23] をいう。共済事業に適用すると、共済の利用や組合員の声がその典型である。共済への強い愛着や想いを持って事業に参加するほど、エンゲージメントの程度は強くなる。この点は組合員も職員も同様である。

　たとえば、こくみん共済 coop の地域推進員や都道府県民共済の普及員は各共済の理念に共感している。1990 年代の CO・OP 共済の成長は、「連合会と会員生協に共済事業にロマンを持つ職員集団を形成することが鍵」(日本コープ共済生活協同組合連合会 2017、135) だったという。たとえば、共済への加入は助け合いのスタートであり、共済に加入させっぱなしにはしない、利用して (共済金を受け取って) はじめて共済の良さがわかるという担当職員の姿勢と行動に組合員が共感する。組合員の間で共済の良さが広がり、組合員の「ありがとうの声」が職員の使命感を高める[24]。

　地震などの災害時にも共感と共創が生まれる。1966 年新潟地震が発生した際、新潟大火と同様、「負債はいつか返済出来ましょう。労働者の信頼は失ったら取り返せません」(全労済 30 周年記念事業「労働者共済運動史資料篇」編集委員会編 1978、165) との思いから、地震免責条項を適用せずに、不足分を労済連からの見舞金や中央からの借入で補い、火災共済金全額に相当する見舞金を支払った。

　マーケティングの観点からみると、組合員のエンゲージメントは他の組合員への共済の「おすすめ (推奨)」や事業への参加である。一方、職員のエンゲージメントは組合員への「お役立ち」を通じて信頼され、成長することである。

　近年、ポーターは社会価値と経済価値を両立させる「共有価値経営（CSV）」を提唱している。保険業においても先進的な取り組みがみられるが（吉田 2020）、共通の経済的・社会的・文化的ニーズと願いを満たす生協は、本来共創価値を追求していると考えられる。ただし、経済価値と社会価値が互いに高めあう好循環を生み出すこと、いいかえれば、社会的課題の解決に取り組むことで組合員から支持され、共済事業が成長することが望ましい。

5. おわりに

　本章の目的は、様々な困難を乗り越え（坂井 2002、257）、現在の地位を築き上げた生協共済の歴史を学び、競争戦略論の視点から共済事業の成長要因を考察することで、その未来予想図を描くための視座を提供することであった。「手ごろな掛金でシンプルな保障」の独自のポジションを確保するために、バリューチェーンの全体最適化が必要である。ビジネスモデル改善のヒントはマーケティングの範囲をビジネスプロセス全般に拡大し、組合員価値を組合員と組合員および職員と組合員で共感し、共創することが大切であるとの結論に至った。

　近年、3大生協共済はブランディングを強化している（全国生活協同組合連合会 2020、26）。なかでも、全労済からこくみん共済 coop への愛称変更は新たな時代を切り開こうとする強い意思が感じられる（こくみん共済 coop 2020、5）。一方、ブランドの強化は保障のコモディティー化を回避するために行われている一面があるかもしれない。いいかえれば、市場が成熟化し、平均化や同質化が進んでいると認識しているのだろうか。

　共済事業の新たな地平を切り拓くためには、多様で独自の組合員価値の創造と提供に「生協らしさ」が感じられるようにする必要がある。コトラー（Philip Kotler）によると、人間中心、価値主導の「マーケティング 3.0」、さらに顧客の自己実現を目指す「マーケティング 4.0」の

フェーズに移行しているという。実はこれらは生協のめざす理想と親
和性が高い。その意味で、本稿で紹介した生協共済のさまざまな取り
組みのなかに、時代を先取りする先進性がみられる。

　最後に、課題を 2 つあげたい。1 つは、外部環境のなかでも進行す
る少子高齢化とデジタル化への対応である。とりわけ後者について
は、WEB メディア「ENJOY たすけあい」を配信する、こくみん共済
coop の先駆的な取り組みが注目される。またデジタル社会において、
「生協らしさ」をどのように発揮すれば良いのだろうか。齋藤（2019）は、
新時代のプラットフォームが協同組合として存続しうることを示して
おり、興味深い。

　もう 1 つの課題は、共済らしい重要業績評価指標（KPI）の開発である。
たとえば、埼玉県民共済は掛金を 100% 組合員に還元する「夢の共済」
を目標に掲げ、還元率を公表している。本稿の文脈からは、たとえば
組合員の継続率が考えられる。加入期間が長いほど、組合員価値を創
造し、提供することができるからである。また、剰余金の還元を通じ
て、社会価値が提供されるため、経常剰余率を KPI とするのも望ま
しいと思われる。

注

1　生協法第 10 条 4 号「組合員の生活の共済を図る事業」。生活の共済を
　図る事業には、共済事業の他、受託共済事業、見舞金事業、貸付事業
　がある。

2　野田醤油生協の火災共済事業規約によると、入会時に 1 口につき加入
　金 200 円を添えて申し込む。加入金は事業費に充当する。罹災した場
　合は 1 口につき扶助金 6 万円が給付される。ただし、小規模火災の場
　合には見舞金が支払われる。加入可能な口数は最大 5 口である。また、
　扶助金を支払う火災が発生するごとに、加入者は 1 口につき 40 円を納
　付しなければならない。すなわち、共済掛金のうち純掛金は事後に支
　払う賦課方式である。社会運動通信（1961）参照。

3　火災共済から始まった背景として、「農協の成功した経験に学んで、
　まず火災から始め、その事業基盤を固めてからのち、次第に生命・役

職員共済へとその事業を拡げて行く」という日本生協連共済問題研究会
の結論が影響しているのかもしれない。全労済30周年記念事業『労働
者共済運動史資料篇』編集委員会編 (1973、37-38)。また、1954年大阪
府で火災共済事業を開始した全大阪労働者生活協同組合を創立した全
大阪労働者福祉対策協議会 (大阪福対協) は当初、火災共済と生命共済
の実施を計画していたが、まず第一歩として火災共済をとりあげるこ
とになった。同上 (1973、79-86)。

4   労働者共済の胎動期、新潟県、富山県、長野県では労働者福祉対策協
議会 (福対協) 等が先行して火災共済事業を開始し、その後労済生協を
設立して生協法に基づく共済事業を実施した。

5   産業別単一労働組合 (単産) の共済事業は、1953年全国金属産業労働
組合同盟 (全金同盟) の総同盟金属共済が最初である。以後、化学、専
売 (たばこ)、食品などに広がった。現在も一部の労働組合は生活協同
組合を設立せずに、共済会を通じて共済事業 (労働組合共済) を実施し
ている。

6   再共済契約を除くと、3大生協共済は元受共済契約件数の73.2%を占
める。

7   主な例として、地域共済は神奈川県民共済生活協同組合、福島県民あ
んしん共済生活協同組合など、職域共済は警察職員生活協同組合、防
衛省職員生活協同組合、全国交通運輸産業労働者共済生活協同組合な
どがある。

8   生命保険加入世帯は、世帯員の少なくとも1人が生命保険に加入して
いる世帯を表す。したがって、当人または他の世帯員が生協共済に加
入している場合を含む。生協共済加入世帯も同様に、世帯員が生命保
険に加入している場合を含む。

9   有利な場所とは、ファイブ・フォース (5つの競争要因:①新規参入
の脅威、②売り手の交渉力、③買い手の交渉力、④代替製品／サービ
スの脅威、⑤既存の競争相手) の影響が弱いポジションを表す。

10   戦前は普通生命保険や普通火災保険の利用が困難な商工労働者に対
して、簡易生命保険や簡易火災保険 (月掛火災保険) が普及した。現在
は普通保険と簡易保険の区別はないようであるが、生協共済は簡易保
険的な役割を担っているようにみえる。

11   市価販売、現金取引、利用高割戻しなどロッチデール原則に基づく
生協運動は中流層に適していた。単純な比較はできないが、日本の生
協共済が当初主に低所得者を対象としていた点は興味深い。

12　全労済 30 周年記念事業『労働者共済運動史資料篇』編集委員会編
（1973、81）、ただし、この共済掛金は 1955 年に定めた厚生省の火災共
済事業認可基準を下回ったため、認可が遅れた。

13　野田醤油生協の火災共済の場合、1 人 5 口まで加入できる。社会運動
通信（1961、11）。

14　労働者共済の火災共済事業が広がる最中の 1957 年、大蔵省は小口火
災保険を認可した。

15　このような一律掛金・セット保障の源流は、1950 年代の労働組合共
済（単産共済）や 1962 年に労済連が実施した総合共済（慶弔共済）と思
われる。

16　各団体の数値は最新のアニュアルレポートやウェブサイトなどによ
る。

17　以下の記述は、日本コープ共済生活協同組合連合会（2017、8-54）を
参照した。

18　元ちばコープ理事長高橋晴雄氏の「生協が共済を育て、今、共済が生
協を強くしていっている」の言葉に象徴される。本城（2004、33）参照。

19　バリューチェーンは、製造から販売に至るまでの「5 つの主活動」と
それらを支える「4 つの支援活動」および「マージン」からなる。支援活
動は内部事情のため、詳細が明らかにされることは少ない。支援活動
の例として、中野（2006、48-49）は埼玉県民共済の共済金支払いの事例
を紹介している。

20　こくみん共済 coop は 2018 年度からの資産運用方針に ESG 投資の実
施を掲げており、東京都や国際協力機構（JICA）、世界銀行発行のグリー
ンボンドを取得するなどの投資を行っている。コープ共済連も東京都
や長野県などが発行したグリーンボンドを取得している。

21　全労済協会の調査によると、望ましい保障のタイプは、「シンプルで
保障内容がわかりやすいものを選びたい」が 44.0% で最も多く、「ある
程度代表的な保障がセットになっているものから自分に合うものを選
びたい」が 27.3%、「いろいろな保障を多数そろえており、自分でカス
タマイズできるものを選びたい」が 16.0% であり、シンプルでわかりや
すい保障を望んでいることがわかる。また価格については、「安いが掛
け捨て」を好む者が 56.9% で、「高いが貯蓄性」を好む者の 43.1% を上
回るが、高くても貯蓄タイプを好む者も多い。全労済協会（2018、131-
134）参照。

22　日本コープ共済生活協同組合連合会（2020、6-7）

23　Oxford Learner's Dictionary. https://www.oxfordlearnersdictionaries.com/

24　岡田（2010b、302-303）および脚注18、高橋（2001、170-171）を参照。

参考文献

岡田太（2008）「生協共済のビジネスモデル」『生協の共済 今問われていること』コープ出版、114-131頁。

岡田太（2010a）「生協共済のビジネスモデル－競争優位の源泉を探る－」『協同組合研究』第29巻第3号、111-126頁。

岡田太（2010b）「生協の共済事業の課題」『現代生協論の探求－新たなステップをめざして』コープ出版。

恩蔵直人（2019）『マーケティング〈第2版〉』日経文庫。

厚生労働省（2020）「令和元年度消費生活協同組合（連合会）実態調査」および各年度版 https://www.mhlw.go.jp/toukei/list/98-1.html（2021年2月15日閲覧）

こくみん共済 coop（2020）「2020年版 FACT BOOK」https://www.zenrosai.coop/library/disclosure/factbook/2020/factbook2020.pdf（2021年2月15日閲覧）

齋藤隼飛編（2019）『プラットフォーム新時代 ブロックチェーンか、協同組合か』社会評論社。

坂井幸二郎（2002）『共済事業の歴史』日本共済協会。

社会運動通信（1961）「"生活協同組合"と"共済事業"―野田醤油生協，全国特定郵便局長生協の新たな試み―」『社会運動通信』第280号、10-12頁。

シュミット、バーンド・H（2000）『経験価値マーケティング―消費者が「何か」を感じるプラスαの魅力』（嶋村和恵、広瀬盛一訳）、ダイヤモンド社（原著 Schmitt, Bernd H. (1999), *Customer Experience Management: how to get customers to sense, feel, think, act, and relate to your company and brands*, Free Press）

生命保険文化センター（2018）「平成30年度生命保険に関する全国実態調査」

全国生活協同組合連合会（2020）「2019年度 事業および組織の現状」https://www.kyosai-cc.or.jp/aboutus/account/genjo/pdf/all.pdf（2021年2月15日閲覧）

全労済協会（2018）『共済・保険に関する意識調査結果報告書〈2017年版〉』。

全労済30周年記念事業「労働者共済運動史資料篇」編集委員会編（1973）『労働者共済運動史①資料編』全国労働者共済生活協同組合連合会。

全労済30周年記念事業「労働者共済運動史資料篇」編集委員会編（1978）『労働者共済運動史②資料編』全国労働者共済生活協同組合連合会。

高橋晴雄（2001）『発想の転換　生協－暮らし・仕事・コミュニティ』同時代社。

田中達雄（2018）『CX（カスタマー・エクスペリエンス）戦略：顧客の心とつながる経験価値経営』東洋経済新報社。

鶴蒔靖夫（1996）『不可能への大挑戦－"県民共済"システムの保険革命－』IN 通信社。

長倉一郎（1949）『消費生活協同組合法逐條解説』日本協同組合同盟。

中野貴司（2006）「日生が共済に敗れる日」『日経ビジネス』2006 年 11 月 20 日号、46-55 頁。

新潟県労働者福祉協議会（2018）「30 年のあゆみ 連帯・協同でつくる安心・共生の福祉社会へ」https://www.niigataken-rofukukyo.com/files/ 2018/07/30th_anniversary.pdf（2021 年 2 月 15 日閲覧）

日本共済協会（2020）『2021 年版共済年鑑』。

日本コープ共済生活協同組合連合会（2017）『CO・OP 共済 30 周年誌 30 年の軌跡』。

日本コープ共済生活協同組合連合会（2020）「ANNUAL REPORT 2020」https://coopkyosai.coop/about/kyosairen/pdf/annual_2020_04.pdf（2021 年 4 月 16 日閲覧）

日本生産性本部（2020）「2020 年度 JCSI（日本版顧客満足度指数）第 3 回調査結果」2020 年 12 月 21 日、https://www.jpc-net.jp/research/detail/004994.html（2021 年 2 月 15 日閲覧）

本城哲教（2004）「夢を持って共済を広げる－コープ十勝の取り組み－」『生活協同組合研究』第 344 号、26-33 頁。

ポーター , M. E.（1985）『競争優位の戦略』（土岐坤、中辻萬治、小野寺武夫訳）、ダイヤモンド社（原著 Michael E. Porter（1985）, *Competitive Advantage*, The Free Press）。

ポーター , M. E.（1995）『競争の戦略』新訂版（土岐坤、中辻萬治、服部照夫訳）、ダイヤモンド社（原著 Michael E. Porter（1980）, *Competitive Strategy*, Macmillan）。

ポーター , M. E.、DIAMOND ハーバード・ビジネス・レビュー編集部編（2014）『経済的価値と社会的価値を同時実現する共通価値の戦略』ダイヤモンド社。

吉田順一（2020）「保険業における CSV」『SOMPO 未来研レポート』第 76 号、99-118 頁。

第2章

生協共済のリスク区分
——協同組合に焦点をあてて——

宮地　朋果

1. はじめに

　共済と保険は、「似て非なるもの」とされてきた。たとえば共済関係者を中心に、「民間保険と比べて共済は緩やかなリスク区分をとっており、共済金の支払いも早い」、「たすけあいの共済と企業の商品である保険とは質的に異なる」と従来言われてきた。しかし近年、商品内容や市場規模など、多くの点で共済と保険の同質化が進んでいる。そのため、共済と保険の違いがわかりにくくなっている。また、従来、強みとされてきた特徴を共済団体が、十分に発揮できなくなれば、共済と保険のイコール・フッティングの議論等が再燃することにもつながるだろう。本稿では、協同組合による共済と保険との差異について、主にリスク区分の観点から考察する。日本の共済は、海外の類似組織との比較においてもしばしばユニークであると評される。今後、日本の共済がそのレゾンデートルを維持するために、いかなる対応や戦略をとることが求められるかについても検討する。

2. 共済の定義と特徴

　一般社団法人日本共済協会によると、「共済」の定義は、以下の通りである(「日本の共済事業—ファクトブック2020—」、p.6)。

　「共済は、営利を目的としないたすけあい・相互扶助の組織である協同組合が組合員のために提供する保障のしくみ」である。また、その目的とは、「生活を脅かす様々な危険に備えて、あらかじめお金を出し合って協同の財産を準備し、不測の事故が生じた場合にお金を支払うことによって、加入者やその家族に生じる経済的な損失を補い、生活の安定をはかること」である(表2-2-1)。

　同協会のファクトブックには、共済の特徴として、「人びとの暮らしの安心のために備えるという役割、事業の健全性確保に関する仕組みなどは保険と同等」であるが、「相互扶助の保障制度として、『自分

表 2-2-1　共済の種類と内容

保障対象	共済の種類	内容
ひと	生命共済	人の生命・身体に関する様々なリスク（死亡、後遺障害、病気、けが、介護など）を保障する共済です。 生活資金や子どもの教育資金を準備できる共済もあります。
	傷害共済	様々な事故による死亡やけがなどの保障をおこなう共済です。
	年金共済	老後の生活安定のために資金を積み立て、一定の年齢から年金方式で共済金を受け取れる共済です。
いえ	火災共済	建物や家財等が、火災や落雷、破裂・爆発などにより損害を受けた場合の保障をおこなう共済です。 地震や風水雪害などの自然災害により損害を受けた場合の保障をおこなう共済もあります。
くるま	自動車共済	自動車事故による相手方への賠償、加入者ご自身やご家族の搭乗中の傷害、ご自身の車の損害などの保障をおこなう共済です。 「自動車損害賠償保障法」に基づき、すべての自動車（原動機付自転車を含む）に加入が義務付けられている自動車損害賠償責任（自賠責）共済もあります。

出典：日本共済協会「日本の共済事業—ファクトブック2020—」、p.6。

たちのリスクを皆で分担し合う』というたすけあいの価値を重視」することが書かれている。この「たすけあいの価値を重視」という点が、日本の共済のユニークさや保険との差異を説明するうえでの鍵となる。また、共済事業は「営利を目的」とせず、「組合員のための事業」であるという性格上、「組合員（准組合員や法で認められる範囲の員外利用も含む）」にならなければ、共済を利用できないという特徴がある。

　保険と共済との比較において、両者の相違は他にも挙げられる。

①大数の法則、収支相等の原則、給付反対給付均等の原則といった保険技術の使用は共通するものの、保険金と共済金、保険料と共済掛金のように、用語の相違がみられる。

②保険会社には兼営が認められない。そのため、生命保険会社は損害保険業を本体で行うことができず、損害保険会社は生命保険業を本体で行うことができない。一方、共済は一つの団体において、生命共済と損害共済の両方を扱うことができる。

③破綻した場合のセーフティーネットとして、国内で事業を行うすべての保険会社が生命保険契約者保護機構もしくは損害保険契約者保護機構に加入し、負担金を拠出している。しかし、共済には

そのような、業界全体としてのセーフティーネットの仕組みがないため、破綻時には個別の団体で対応することになる。また、地震リスクについて、政府の後ろ盾があるため、どの保険会社から地震保険に加入しても同じ保険料、補償になるのに対して、共済では各団体によって地震共済の共済掛金や内容が異なっている。

④日本の協同組合共済については、現在、税制上の優遇措置などがとられている。たとえば、保険会社には23.2%の法人税率が適用されるが、協同組合の共済の法人税率は19%となっている。一方で、資産運用に関しては、運用先などの制約がある。

⑤契約に関する一般的なルールを定める保険法は共済にも適用されているが、根拠法や監督官庁が保険と共済とでは異なっている。保険には保険業法が適用され、保険会社は金融庁に監督される。一方で、協同組合による共済事業は、根拠法や監督官庁が団体ごとに分かれているという特徴がある(表2-2-2)。

表2-2-2　共済事業を実施するおもな協同組合

根拠法	根拠法の所管庁	協同組合名(**太字**は、日本共済協会の会員)
農業協同組合法	農林水産省	農業協同組合[※1]、**JA共済連**
水産業協同組合法		漁業協同組合[※1]、**JF共済連**
消費生活協同組合法	厚生労働省	**こくみん共済coop〈全労済〉、日本再共済連** **コープ共済連、大学生協共済連、全国生協連** **生協全共済、防衛省生協、神奈川県民共済**[※1] 全国電力生協連、全国交通共済生協 JP共済生協、電通共済生協、森林労連共済 全たばこ生協、全水道共済、自治労共済 教職員共済、全特生協組合、全国酒販生協 全国たばこ販売生協、全国町村職員生協 都市生協、警察職員生協、全日本消防人協会
中小企業等協同組合法	経済産業省	火災共済協同組合[※1]、**日火連** トラック交通共済協同組合[※1]または[※2]、**交響連**[※2] 自動車共済協同組合、**全自共** 福祉共済協同組合[※1]、**中済連** **開業医共済**[※1] 全米販[※3]、日本食品衛生共済協同組合[※3]

※1の監督は都道府県。※2は国土交通省、※3は農林水産省の監督。それ以外は根拠法の所管庁の監督。
出典：日本共済協会「日本の共済事業―ファクトブック2020―」、p.7。

　ここまで共済と保険との差異に着目してきたが、共済は団体により、規模（**図2-2-1**、**表2-2-3〜7**）や組織の特徴が大きく異なるため、「共済」と一括りに議論することはミスリーディングにつながるおそれがある。そのため本稿では、特に表2-2-2における、消費生活協同組合法を根拠法とする、こくみん共済coop、コープ共済連、大学生協共済連、全国生協連など（以後、「生協共済」とする）を念頭に置いて論じていく。しかし、これら「生協共済」においても、組織文化や運営方針等にそれぞれの団体による差異がみられることに十分留意する必要がある。

表 2-2-3　共済の事業状況（2019 年度）：共済団体別実績

共済団体名	契約件数（万件）	共済金額（億円）	受入共済掛金（億円）	支払共済金（億円）	総資産（億円）
JA 共済連	5,544.24	3,305,141	47,474.06	41,311.13	571,884
JF 共水連	56.69	46,598	446.11	384.93	4,638
生協共済の合計	7680.84	5,024,085	16,331.48	9,043.96	78,089
中小企業等協同組合の共済の合計	260.84	74,781	841.79	514.66	2,907
その他の共済の合計	592.00	1,592,436	661.15	405.15	848
合計	14,134.61	10,043,042	65,754.59	51,659.83	658,365

出典：日本共済協会「共済年鑑＝ 2021 年版＝」、p.9。

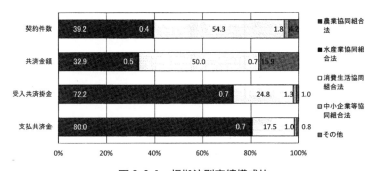

図 2-2-1　根拠法別実績構成比

出典：日本共済協会「共済年鑑＝ 2021 年版＝」、p.9。

表 2-2-4　主な共済団体の種目別実績 (2019 年度)：生命共済

共済団体名	契約件数 (万件)	共済金額 (億円)	受入共済掛金 (億円)	支払共済金 (億円)
JA 共済連	1,816.05	1,048.157	21,344.58	16,360.70
こくみん共済 coop〈全労済〉	1,153.21	700,115	2,811.54	1,367.37
全国生協連	1,917.99	1,230,389	5,868.26	3,226.03
コープ共済連	850.05	125,900	1,948.88	689.34

出典：日本共済協会「共済年鑑＝2021 年版＝」、p.10。

表 2-2-5　主な共済団体の種目別実績 (2019 年度)：年金共済

共済団体名	契約件数 (万件)	共済金額 (億円)	受入共済掛金 (億円)	支払共済金 (億円)
JA 共済連	381.47	27,418	5,192.25	6,685.98
こくみん共済 coop〈全労済〉	79.70	22,390	649.70	831.52

出典：日本共済協会「共済年鑑＝2021 年版＝」、p.11。

表 2-2-6　主な共済団体の種目別実績 (2019 年度)：火災／建物共済

共済団体名	契約件数 (万件)	共済金額 (億円)	受入共済掛金 (億円)	支払共済金 (億円)
JA 共済連	1,141.00	1,666,608	16,585.73	15,935.49
こくみん共済 coop〈全労済〉	625.94	1,357,234	1,063.41	503.48
全国生協連	333.03	765,060	675.03	305.49

出典：日本共済協会「共済年鑑＝2021 年版＝」、p.12。

表 2-2-7　主な共済団体の種目別実績 (2019 年度)：自動車共済

共済団体名	契約件数 (万件)	受入共済掛金 (億円)	支払共済金 (億円)
JA 共済連	1,138.88	4,211.02	2,238.33
こくみん共済 coop〈全労済〉	241.20	873.10	512.52

出典：日本共済協会「共済年鑑＝2021 年版＝」、p.14。

3. 保険とのイコール・フッティングに関する議論の背景

　近年、組織の規模や加入率（**図2-2-2**）において、生協共済のプレゼンスが高まっている。2017年度における国内保障事業全体に占める保険料・掛金収入の構成比は、生命保険・損害保険の合計で85.8%（41兆5,576億円）であるのに対し、共済は14.2%（6兆8,826億円）である（**図2-2-3**）。また、商品内容・保障（補償）額においても、保険と共済の差異が見えにくくなっている。保険会社は近年、消費者にわかりやすい商品の提供や、支払手続きを早めるなどの経営努力を行っている。また、アフターサービスを重視する動向がみられる。特に保険金不払いの問題が発生して以降、このような動きが加速している。

　保険と共済の比較においては、加入者の同質化も進んできている。日本の一般的な消費者は、保険と共済の相違を明確に認識したうえでどちらかに加入しているわけではない。また、共済団体が提唱する「相

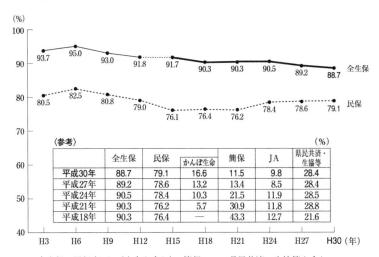

＊全生保は民保（かんぽ生命を含む）、簡保、JA、県民共済・生協等を含む
＊全生保の平成12年以前は民保、簡保、JAの計

図2-2-2　世帯加入率の推移

出典：公益財団法人生命保険文化センター「平成30年度生命保険に関する全国実態調査」、P.4。

単位：億円

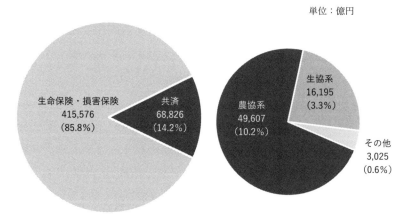

図 2-2-3　国内保障事業における保険料・掛金収入の内訳（2017 年度）

資料：「共済年鑑」、生命保険協会「2018 年版生命保険の動向」、日本損害保険協会「日本の
　　　損害保険」
注：括弧内はいずれも保障市場全体に占める構成比。
出典：日本協同組合連携機構「2017（平成 29）事業年度版　協同組合統計表」、P.16。

互扶助」のような理念に共感したからではなく、共済掛金の安さや保
障内容などの経済合理的な観点から考慮して、共済への加入を選択す
る割合が多くなっている。各種調査からもそのような傾向が読み取れ
るが、最近の調査結果として、全労済協会による「共済・保険に関す
る意識調査結果報告書〈2017 年版〉」を紹介したい（**図 2-2-4**）。

　生保分野の保険や共済への加入理由（複数回答）として、生協共済に
おいて一番多かった回答が、「保険料・掛金が安かったので」の 55.4％
であった。「保険料・掛金が安かったので」という回答は、「営業職員・
代理店系の保険会社」では 24.9％、「ダイレクト系の保険会社」におい
ても 51.1％ であり、すべての団体のなかで生協共済の回答が最も高い
結果となった。生協共済の加入理由で二番目に多かったものは、「希
望にあった保険・共済だったので」である。他の全ての団体においては、
「希望にあった保険・共済だったので」という理由が、首位の加入理
由となっている。

　このような背景から、保険関係者や金融庁からは、保険と共済はほ

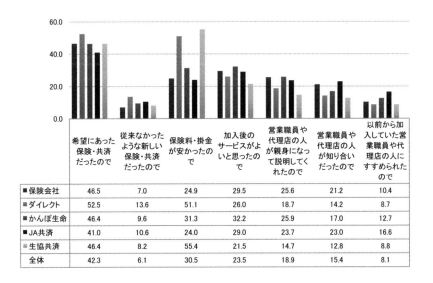

	希望にあった保険・共済だったので	従来なかったような新しい保険・共済だったので	保険料・掛金が安かったので	加入後のサービスがよいと思ったので	営業職員や代理店の人が親身になって説明してくれたので	営業職員や代理店の人が知り合いだったので	以前から加入していた営業職員や代理店の人にすすめられたので
保険会社	46.5	7.0	24.9	29.5	25.6	21.2	10.4
ダイレクト	52.5	13.6	51.1	26.0	18.7	14.2	8.7
かんぽ生命	46.4	9.6	31.3	32.2	25.9	17.0	12.7
JA共済	41.0	10.6	24.0	29.0	23.7	23.0	16.6
生協共済	46.4	8.2	55.4	21.5	14.7	12.8	8.8
全体	42.3	6.1	30.5	23.5	18.9	15.4	8.1

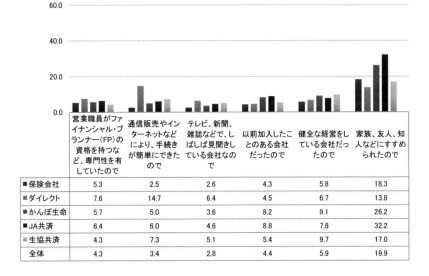

	営業職員がファイナンシャル・プランナー(FP)の資格を持つなど、専門性を有していたので	通信販売やインターネットなどにより、手続きが簡単にできたので	テレビ、新聞、雑誌などで、しばしば見聞きしている会社なので	以前加入したことのある会社だったので	健全な経営をしている会社だったので	家族、友人、知人などにすすめられたので
保険会社	5.3	2.5	2.6	4.3	5.8	18.3
ダイレクト	7.6	14.7	6.4	4.5	6.7	13.8
かんぽ生命	5.7	5.0	3.6	8.2	9.1	26.2
JA共済	6.4	6.0	4.6	8.8	7.8	32.2
生協共済	4.3	7.3	5.1	5.4	9.7	17.0
全体	4.3	3.4	2.8	4.4	5.9	19.9

図 2-2-4　共済・保険〈生保分野〉加入の理由（複数回答、単位：%）

出典：岡田・谷川「共済・保険に関する意識調査結果報告書〈2017 年版〉」、P.99。

ぼ同質であるとして、保険と共済のイコール・フッティングを求める
議論が活発化した時期があった。日本では、保険と共済は「似て非な
るもの」とされてきたが、その論点は主に協同組合論からの検討に限
られてきた。日本において協同組合そのものの研究や論文・著書など
は多く存在するが、「共済」に焦点を当てた研究の歴史は比較的新しい。
また、保険の研究者のなかで、共済についても研究を進めている割合
がまだそれほど多くないという事情もある。

　日本を取り巻く近年の経済状況もあり、共済の運営は現在のところ
問題なく進んでいると考えられる。しかし、協同組合としての歴史、
原点やレゾンデートルという観点からみると、その価値が揺らいでい
ることは否めない。それは長期的にみると、保険との同質化につなが
る可能性がある。契約者からみて、保険と共済の差異がほとんどない
とすれば、保険とのイコール・フッティングの議論が再燃する下地と
なるだろう。

4. 共済の強み——リスク区分と入手可能性

　そこで、日本において共済と保険が現在のような形で共存し続ける
ことの意味や必要性について検討したい。公益財団法人生協総合研究
所の生協共済研究会において、2015年3月に3名の研究者（栗本昭法政
大学教授、恩藏三穂高千穂大学教授、齊藤真悟生協総合研究所研究員：肩書は当
時のもの）とともに欧州視察に行く機会をいただき、スウェーデン、ベ
ルギー、フランスの協同組合保険や協会等の視察およびヒアリング
調査を行った（スウェーデン：フォルクサム、ベルギー：AMICE、フランス：
GEMA〈2016年7月にFFSAと合併してFFAを創設〉、FNMFなど）。その際に、
組合員や共済に対する意識・考え方に関する相違が、日本の協同組合
の共済関係者と現地で出会う方々とのあいだにあることを強く感じた。
研究会等を通して筆者が知る日本の生協共済関係者は、組合員との関
係性や交流を重視しているが、欧州視察の際には、そのような観点か

らの発言はほとんどなかった。欧州の3カ国で視察・ヒアリングを行うことで、それらの国におけるミューチュアルが、現在の日本の「共済」よりもはるかに「保険会社」に近い存在であることが明らかになった。同時に、日本の「協同組合による共済」が唯一無二とも言えるような特殊な発展や存在の仕方をしていること、それゆえに金融の国際化が進むなかで、保険とのイコール・フッティングが求められるようになった背景を理解することができたように思う。

　類似組織である欧米諸国のミューチュアルや協同組合保険と比較して、日本の共済が大きく異なるものがリスク区分である。また、日本の共済が現在の強みや優位性（「共済らしさ」とされる）を活かし続けるためのポイントにリスク区分はなり得ると考える。

　保険・共済においては、リスクが高い場合、「保険・共済に加入する」、また、「保険金額・共済金額を高くする、保障（補償）範囲を広くする」といったインセンティブが働く。これを「逆選択（adverse selection）」という。逆選択を放置し、保険集団内における高リスク者の割合が高まると、極端な場合には、市場が成り立たなくなってしまう。それを回避する方法として、保険会社や共済団体は、リスクに応じた保険料（共済掛金）を設定し、リスク区分を用いる。

　私保険の下では、保険原理（リスクが低い場合は保険料が安くなり、リスクが高い場合は保険料が高くなる）がはたらく。保険原理を突きつめれば、リスク細分化が進み、結果として、保険に加入できない層（いわゆる「保険難民」）がでてきてしまう。

　日本の共済ではこの原理の厳格な適用を避け、互助や連帯といった価値基準にもとづいて、緩やかなリスク区分をとることがある。その代表例が、都道府県民共済グループの「生命共済」における「一律保障・一律掛金」である。保障内容は年齢によって何段階かに分かれるが、それぞれの年齢群団内では性別を問わず「一律保障・一律掛金」が実現されている。こくみん共済 coop の「こくみん共済」においても同様である。また、JA 共済の「建物更生共済」とこくみん共済 coop の「自

然災害共済」においては、地震保障の掛金率が全国一律になっており、緩やかなリスク区分の事例と言える。こくみん共済coopの「火災共済」に関しても、掛金率が全国一律になっている。

　支払の際にも、日本の共済と民間保険とのあいだには相違点がいくつか指摘できる。たとえば「見舞金」である。見舞金は、リスクに見合った共済掛金の支払がなく、組合員の生活再建を目的として積立金から支払われるものである。このことは、保険料の支払に対応して保険金が支払われる保険と比べて、非常に大きな相違点と言える。

　実際には、共済間で、リスク区分や共済金の支払のあり方には相違がみられる。保険会社のリスク区分や保険金の支払と変わらない場合もある。しかし、高リスクであるために、民間保険の保障（補償）を受けることができない人びとのニーズへの対応が、協同組合による共済の存在意義・役割の強化につながることは指摘できるだろう。そのような観点からは、不妊治療など、保険会社の商品開発がほとんど進んでいない分野で商品提供することが求められる。現在、残念ながら、不妊治療そのものへの備えを提供する共済は販売されていない。しかし、たとえばコープ共済の《たすけあい》などは、不妊治療中や妊娠中であっても加入できるため、出産を希望する女性からの注目を集めている。

　共済は協同組合によって運営されているため、「組合員のための事業」ということをより明確にした加入促進を行う必要があるだろう。また、「組合員のための事業」ということを社会に浸透させるべく、広報活動をより積極的にすることが求められる。2020年12月に発行された、国際協同組合保険連合（ICMIF）の事例研究レポートに、全労済からこくみん共済coopにブランド名が変更したことが取りあげられた。このような話題性のあるニュースは、組合員のみならず、非組合員の意識にも影響を及ぼすことが期待される。

　世帯年収別にみると、県民共済・生協等の生協共済の主な加入世帯の年収が500〜700万円の層であるのに対して、民間保険は世帯年収

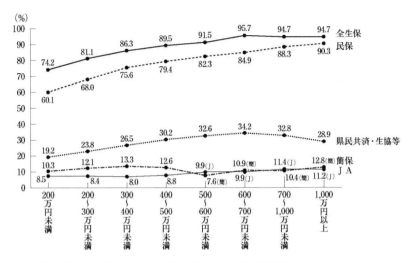

＊全生保は民保（かんぽ生命を含む）、簡保、JA、県民共済・生協等を含む

図 2-2-5　生命保険・個人年金保険の世帯加入率（世帯年収別）

出典：公益財団法人生命保険文化センター「平成 30 年度生命保険に関する全国実態調査」、P.8。

が高いほど、加入率が高くなっている（**図 2-2-5**）。これにより、保険
と共済が世帯年収で、ある程度のすみわけができていることがわかる。
入手可能性という観点からは、共済に優位性があると言うこともでき
る。しかし同時に、協同組合間で、加入者層の収入やニーズにおける
差異が存在している。したがって、各共済団体には、それぞれの団体
の主な加入者層の世帯年収やニーズに特化した商品設計や適正な価格
設定が求められる。

5.　おわりに

　日本の共済の従来の大きな特徴の一つが、保険よりも緩やかなリス
ク区分であった。その判断基準には、連帯や相互扶助といった価値観
に重きを置く、協同組合の組織風土の影響が大きく働いていた。しか

し近年、共済のリスク区分が保険と比べて、必ずしも緩やかというわけではなくなっている。それは、短期的には大きな影響を及ぼさないかもしれない。しかし長期的には、協同組合の共済としての本来の意義や存在理由の放棄につながるのではないだろうか。ハイリスクであるため、民間保険会社の保険商品に加入することが難しい組合員のニーズに応えるような、「たすけあいの価値を重視」する姿勢が、協同組合の共済には期待されるのではないか。

また、生命保険文化センターによる調査結果などから、中所得層あるいはそれ以下の所得層の組合員に対して、共済は効用が大きくなると考えられる。そのため、共済団体には、保険会社と比べて割安なサービスを提供し、組合員の生活を支援することが求められるだろう。また、共済と保険との差異や社会的意義を自覚し、優れている点を伸ばしていく姿勢を保持することに、協同組合の共済としての存在理由が見出せるのではないだろうか。

保険と共済が、税率や監督官庁、根拠法などを同一にし、イコール・フッティングを進めることで社会や人びとの生活にいかなる影響が出ると考えられるか。また、そもそも日本ではなぜ現在のような形で、保険と共済が共存しているのか。その理由や背景を精査したうえで、各ステークホルダーが今後のよりよい保険・共済のあり方を検討することが求められる。

参考文献

江澤雅彦 (2006)「医療保険をめぐるアンダーライティングの諸課題」堀田一吉編著『民間医療保険の戦略と課題』勁草書房。

江澤雅彦 (2012)「共済と保険　その同質性と異質性―共済団体と組合員の関係性の観点から―」『日本共済協会結成20周年・2012国際協同組合年論文・講演集』日本共済協会。

岡田太 (2015)「共済・保険に関する意識調査結果報告書〈2014年版〉」全労済協会。

岡田太・谷川孝美 (2018)「共済・保険に関する意識調査結果報告書〈2017

年版）」全労済協会。

押尾直志監修・共済研究会編 (2007)『共済事業と日本社会―共済規制はな
　　にをもたらすか―』保険毎日新聞社。

押尾直志 (2012)『現代共済論』日本経済評論社。

恩藏三穂・齊藤真悟 (2016)「欧州のミューチュアル・協同組合保険組織に
　　おける CSR の取り組み：フォルクサムの事例を中心に」『生協共済研究
　　会 10 年間の歩み：2006 年〜 2015 年』生協総合研究所。

笠木映里 (2012)『社会保障と私保険―フランスの補足的医療保険』有斐閣。

坂井幸二郎 (2002)『共済事業の歴史』日本共済協会。

神野直彦・井手英策・連合総合生活開発研究所編著 (2017)『「分かち合い」
　　社会の構想―連帯と共助のために』岩波書店。

生命保険文化センター (2018)「平成 30 年度生命保険に関する全国実態調
　　査」。

相馬健次 (2013)『共済事業とはなにか―共済概念の探究』日本経済評論社。

冨永紅 (2012)「共済の特徴と役割」『損害保険研究』第 73 巻第 4 号。

中川雄一郎 (2018)『協同組合のコモン・センス』日本経済評論社。

日本共済協会 (2020)「日本の共済事業―ファクトブック 2020―」。

日本共済協会 (2020)「共済年鑑―2021 年版―」。

日本協同組合連携機構 (2020)「2017（平成 29）事業年度版　協同組合統計
　　表」。

堀田一吉 (2003)『保険理論と保険政策―原理と機能―』東洋経済新報社。

堀田一吉 (2014)『現代リスクと保険理論』東洋経済新報社。

本間照光 (1992)『保険の社会学』勁草書房。

前川寛 (1982)「保険の限界」『保険学雑誌』第 496 号。

宮地朋果 (2008)「生協共済における環境変化と将来」生協共済研究会編著
　　『生協の共済　今、問われていること』コープ出版。

宮地朋果 (2011)「生協共済における優位性と独自性―共済サービスの付加
　　価値―」生協共済研究会編著『21 世紀の生協の共済に求められるもの』
　　コープ出版。

宮地朋果 (2017)「第 4 章　格差社会における共済の可能性」杉本貴志編・
　　全労済協会監修『格差社会への対抗　新・協同組合論』日本経済評論社。

第 3 章

自然災害に対する共済団体の取り組みと残されている課題

――共済団体へのインタビューを通じて――

吉田　朗

1.　はじめに

　2020年は、「コロナ禍」という言葉一色であった。コロナのインパクトが強い状況で、それと同等レベルのインパクトを残した事柄がある。それは、激甚な自然災害である。

　2020年から過去3年間に限定しただけでも、日本は、様々な激甚な自然災害に見舞われた。2018年で言えば、大阪府北部を震源とする地震（大阪北部地震）、平成30年北海道胆振東部地震、西日本豪雨（平成30年7月豪雨）があり、2019年で言えば、台風15号・台風19号の被害、8月に発生した九州での豪雨災害、新潟県村上市府屋で震度6強を観測した山形県沖地震（山形県沖を震源とする地震）があり、2020年で言えば、令和2年7月豪雨があるなど、枚挙にいとまがない。

　ここ10年間に範囲を広げても、災害の激甚化に伴い、これまで耳慣れない言葉も数多く、耳にする機会が増えたのではないか。例としてあげると、バックウォーター・線状降水帯・ゲリラ豪雨・ダムの特例操作（緊急放流）である。

　2021年3月11日、東日本大震災から丸10年を迎える。この10年間、自然災害が減少することはなく、今まで以上に、自然災害が身近な存在になってきたと、私は感じている。

　本章では、自然災害をテーマに、自然災害に対する国の考え方、自然災害における共済組合のこれまでの取り組み等のインタビューから、残されている課題を示す。

2.　自然災害対応に関する国の考え方（自助・公助・共助を軸に）

　国は、災害対応に関して、「自助」・「共助」・「公助」の概念を打ち出している。この概念を理解することが、はじめの一歩である。

(1) 自助・共助・公助

国の災害対応の基本方針を理解するキーワードは、自助・共助・公助である。基本方針は、自助・共助が基本、公助で (公的な) 支援となる[1]。「被災者生活再建支援法の一部を改正する法律」の法案説明資料には、自助・共助・公助に関係性を示すベン図があり、三者の関係を理解するための参考資料となる[2]。

自助・共助・公助には、様々な考え方が存在する[3]。

例えば、自助の考え方の 1 つは保険に加入すること、共助の考え方の 1 つは、「他の構成員 (組合員) を救済する」[4] こと、公助の考え方の 1 つは、法を根拠とした現金支給・現物支給となる。

「自助」の考え方の 1 つである保険加入であるが、民間保険会社が発売する保険商品への加入のみが対象ではなく、共済商品への加入も対象に含まれている。

(2) 保険商品 (共済商品も含む) の加入率に関して

地震保険 (共済商品は除く) の世帯加入率は、26.0 % (2011 年) から 32.2 % (2018 年) へと増加した[5]。2015 年度のデーターをベースに、共済商品も含めた水災補償・地震補償の加入割合は、水災補償が 66 %、地震補償が 49 % となっている[6]。

水災補償をみても約 30 % 強が保険未加入であり、地震補償も半数が未加入である。データーを見る限り、「自助」が達成されているとは、断言できない。

(3) 自助・共助・公助の考え方に対する指摘

平成 30 年版防災白書では、公助・自助・共助に下記の指摘がなされた。

公助に関して、広域的な大規模災害が発生した場合、公助の限界が指摘された[7]。公助が限界であるならば、自助や共助が、必然的に、重要な役割を担うことになる。同白書では、自助・共助に関して、災害被害軽減のための努力を国民に求めている[8]。

　内閣府の検討会（保険・共済による災害への備えの促進に関する検討会）において、自助の定義に関して、「保険・共済への加入は自助」との表現にしてはどうかとの指摘があった[9]。検討会の指摘から、自助の考え方の一つに共済商品への加入を含めることにした。

　上記の点を踏まえると、共済団体は、「自助」・「共助」を実現することが可能な団体であり、「自助・共助を基本」とする方針に関するモデルケースになりうる可能性を秘めている。

3. 共済団体の取り組み

　この節では、共済団体の取り組みに焦点を当てる。生協総合研究所が刊行する『生活協同組合研究』の論考から自然災害対応への評価を、こくみん共済coop、JA共済連へのインタビュー[10]から、共済団体の自然災害への取り組みを記す。

　各共済団体のインタビューを通じて、各共済団体の特色や違いを理解して頂ければ幸いである。

(1) 先行研究からみた自然災害対応に関する共済団体への評価

　先行研究は、災害時における共済の在り方を中心に論じられている。その点を論じていたのが、共済加入の有無や共済団体の保障内容の差による不公平感を指摘した宮地（2012）[11]、見舞基金制度の再考の必要を指摘した江澤（2012）[12]、そして、大塚（2018）である。

　宮地（2012）は、地震リスクへの備えの限界を指摘したうえで、共済団体の「現出しうるリスクに対しての防災措置・減災措置を自助努力で行う重要性について啓発していく責任」[13]を指摘した。江澤（2012）は、見舞金制度の再考（見直し）を求めていた。大塚（2018）は、「筆者は十分な補償の提供より、未加入世帯の加入促進の方が優先される課題であると考える」[14]との認識を基に、生協共済の果たす役割に関して、「相互扶助を核とした『連帯』でつなぐ制度構築があげられる」[15]と指摘し

た。さらに、大塚(2018)は、「生協共済の特性を活かして、地域活動の連携のキーを目指していくのであれば、地震補償の必要性と加入促進の活動がさらに求められると考える」[16]とも述べた。

　このように、論点は多種多様であるが、3者とも、共済団体の現状に、何かしらの課題を感じていることは明らかである。

(2) こくみん共済 coop（全労済）へのインタビュー

　2020年8月14日・19日、こくみん共済 coop にインタビューを実施した。インタビューでは、共済商品について・災害対応の基本方針・現地調査・災害予防・今後の課題、合計5点を主要項目として伺った。

　①共済商品について

　　ⅰ）火災共済への付帯制度としての自然災害共済誕生の歴史・背景

　自然災害共済の必要性の議論が始まった契機は、阪神・淡路大震災である。阪神・淡路大震災以前は、自然災害共済の仕組みはなく、お見舞金の仕組みが存在した。阪神・淡路大震災当時、地震の保障に関して、積立金からお見舞金を支払っていた。自然災害共済誕生前は、火災共済において、風水害の保障は若干あったが、地震の保障はなかった。また、風水害の保障水準も、カバーできる金額としては火災共済の5%で、それほど大きいものではなかった。

　自然災害共済の開発がなされた背景として、被災者生活再建支援に関して、被災者生活再建支援法につながる公的保障の整備を求める運動のほか、公的保障で足りない自助の部分をカバーしていこうという観点があった。

　制度設計当時、会員生協（単産共済）でもそれぞれが火災共済を実施していたが、多額の支払リスクを抱え得るという保障事業の性質から、会員生協が単独で自然災害共済を実現することが難しいと考えられたため、こくみん共済 coop が主たる立場になって、会員生協とともに商品を提供できるようにした。

ⅱ) 自然災害共済の開発、地震保険と自然災害共済の違い

　自然災害共済は、風水害だけではなく、地震も保障対象としている。地震保障は、政府の再保険の仕組みを用いず、単独での開発[17]をおこなった。

　地震保険と自然災害共済の違いとは、風水害の保障や盗難の保障を組み合わせている点である。地震リスクが高い人だけが入る仕組みにはしておらず、全国一律の掛金料率で商品提供をしている。また、風水害の保障、地震の保障の最高限度額が異なるなど、制度設計をする中でリスクを抑えている[18]。

　自然災害共済は、総支払限度額の仕組みを有しており、限度額を超えると、共済金の支払削減が実施される。

ⅲ) 自然災害共済の今後

　近年、自然災害共済の役割が大きくなっており、商品誕生当時よりも、保障額を大きくし、制度の見直し自体も、定期的に考えている[19]。一例として、2015年2月に掛金の引き上げを実施し、総支払限度額も引き上げた。

　制度設計当初に、将来的に掛金を引き上げて総支払限度額を引き上げるとのイメージがあったかは定かではないが、将来的に、自然災害共済の加入 (付帯) 率が上がるだろうとの予測はあった。付帯率の増加 (契約高の増加) によって、総支払限度額の引き上げが必要だろうと考えられていた。

②災害対応の基本方針

　災害対応の仕方は4段階あり、担当者対応・都道府県対応・地域ブロック (統括本部) 対応、全国対応で、災害規模に応じて対応は変化する。

　各都道府県単位で調査員がおり、平時では、火災や車の事故に関する対応をしている。この調査員による対応のことを担当者対応 (第一段階) という。

　一定規模の災害が発生した場合、担当者対応で処理しきれないこと

がある。その場合は、都道府県対応（第二段階）になる。こくみん共済coop では、県で働いている職員（事業推進、事務、総務を担当するほぼ全員）が調査員としての内部資格を有しており、それら職員も同様に調査活動を実施することができる。

　都道府県対応ができない場合、統括本部（地域ブロック）で対応する。地域ブロックは、全国6ブロックで構成されている。2019年、関東に襲来した台風の事例では、被災件数が非常に多かったため、地域ブロック対応（第三段階）ではなく、全国対応（第四段階）とした。

　段階の決め方の根拠は、各都道府県単位で、被災された方から寄せられた被災受付件数、いわゆる件数基準（被害の軽重は問わない）であり、それに基づいて4段階のうち、どの対応をするかを決定する[20]。

　阪神・淡路大震災以前は、通常の調査・認定方法で時間がかかる問題があったため、震災以降、地震に特化した調査・認定方法を作成した。台風に関しても、簡単に調査出来るような方法を作成し、今日に至っている。

　台風の場合、過去の台風の進路や被害件数のデーターがあるので、それをベースに件数想定をする。台風などの事故受付を開始して3日程度経過すれば、過去の傾向から全体像が見えてくるので、そこで修正が必要な場合は修正をかけていく。

　インタビューでは、災害対応における重要な点も語られた。

　災害対応で重要な点は、受電体制である。2012年から事故受付センターを札幌・福岡に設けている。平時は、50人体制であるが、台風の際には、その体制をどの程度まで増強すべきか考える。事故受付を素早くできるかが、ポイントになる。

　支払いに関して、通常は東京と大阪のサポートセンターで実施しているが、大規模災害の場合、両サポートセンターのキャパシティがオーバーするので、本部に支払い集中拠点を設け、職員動員をかけたうえで、一日も早くお支払いができるようにしている。

③現地調査

　組合員の方から、「家屋が壊れた」などのご連絡を頂き、これに基づき、現地にて、損害調査活動（現地調査）を実施することを基本としている。調査方法としては、被害にあわれたご自宅に伺う現地調査、業者からの修理見積もりなどの書類を提出いただき審査を進める書類審査の2種類がある。

　現地に赴き、損害調査活動をおこなうのが基本だが、今現在は、コロナ禍であるため、審査方針を立てたうえで、上記の2種類のいずれかの方法を採用するかを決める。本来は現地に伺って調査をすべきなのだが、マンパワーの限界があるので、書類対応という方針を採用することもある。

　現地調査の前には、多くの準備が必要になる。例えば、現場の写真を記録するためカメラやメジャーなどの備品、書類関係の準備、また被災状況に合わせ必要な備品（長靴など）の準備である。それと同時に、被災者は、心理的に不安になっているので、タオルなどのお見舞品を持参しつつ、職員自らがお見舞いの気持ちを示して組合員の心理面でのサポートも行った。

　現地調査について東日本大震災を例にすると、動員された職員が一日あたり5-6件回るハードなスケジュールであった。現地調査は、1件だけではなく、その周辺の調査もおこなう。組合員に被害状況を聞き、例えば、水の被害か、風の被害かを把握し、準備すべきものを決める。

　全国からサポートが入る場合は、今すぐ対応できる契約物件の数に基づいて、現地に入る人数が決まる。調査エリアの区分けを実施しながら、いち早く共済金がお支払いできる人には、迅速に共済金をお支払いする方針で対応に当たっている。

　基本的に現地調査は、調査員2名を1チームとして対応している。各チームは、1週間サイクルで交代[21]する。東日本大震災の場合は、のべ2,371チームが現地に入り支援をした。災害規模に応じて、かな

りのチームが必要である。

④災害予防

　災害予防活動は、「ぼうさいカフェ」を含めると 4 点ある。1 つ目は
被災地の復興支援、2 つ目は地域貢献助成事業 (各地域で活動している団
体に助成するもの)、3 つ目はその他の活動である。

　ぼうさいカフェは、2008 年 2 月から実施しており、2019 年度末ま
でに全国で通算 443 回実施した (2019 年度は全国で 45 回実施)。親子で防
災意識をもち、楽しく分かりやすく防災知識を身につけることを目的
とし、非常食の試食や専門家による講演会、親子で体験できる防災科
学実験ショーなどを実施している。

　被災地の復興支援は、地域の団体・ボランティアの方々と一緒に取
り組んでいる。一例として、東日本大震災では、津波で多くの防災林
が失われたため、未来に向けた防災・減災のための森づくり活動とし
て、国土緑化推進機構・組合員・協力団体の方々と協力し、植樹を実
施した。

　地域貢献助成は、1992 年から実施している。元々、環境問題に取
り組む団体を対象としてスタートしたもので、現在は、防災・減災活
動、環境保全活動、子どもの健全育成活動に取り組む団体を対象に実
施している。2019 年度は 79 団体に、1966 万円を助成した。

　その他の活動として、一例であるが、東日本大震災直後の 2011 年
6 月より、防災への的確な備えを支援することを目的として、「備え
る・守る・再建する」の 3 つの視点で、「住まいと暮らしの防災・保
障点検運動」を全国的に実施した。単に防災意識を高めてもらうこと
にとどまらず、もしもの経済的な備え (共済への加入) をして頂くことで、
生活再建につなげていただくことを目的に取り組んだ。

　最近では、SNS の普及にともない、SNS (LINE・Twitter) によるコミュ
ニケーションにも取り組んでいる。その他にも、危機管理アドバイザー
(國﨑信江氏) のご協力のもと、防災・減災に関する WEB コンテンツ (み

んなの防災）を作成し、ホームページにて組合員・生活者向けに提供している。

　災害予防活動の成果についてもインタビューで伺った。あげられた成果は大きく3つある。1つ目は、事業創立以降、数々の災害と向き合ってきた中で、「事前の備え」として、ぼうさいカフェをはじめとした様々な防災・減災活動により組合員・生活者への継続的な啓発を実践し続けてきたことである。2つ目は、「もしもの備え（共済）」として、火災共済および自然災害共済の普及を進めてきた結果、2019年度末（2020年5月末）時点で410万件の加入となり、そのうち、自然災害共済の付帯率は52.7％にまで至ったことである。そして3つ目は、阪神・淡路大震災後、自然災害に対する公助の実現のため、被災者生活再建支援法の成立（1998年5月）に向けた国民運動を展開し、同法の成立に寄与した点である。

　⑤インタビューで興味深いと感じた点

　1点目は、「たすけあい」の精神である。災害発生時における「たすけあい」の精神の発揮の1つとして、「共済金の迅速なお支払いをすることで、生活再建をして頂くこと」がインタビューで挙げられた。

　ただ、東日本大震災においては、その「迅速なお支払い」の実行にあたって、未知なる課題に対する創意工夫と、従来以上の丁寧な組合員対応が求められた。原発地域に関しては、「最後のおひとりまで」を合言葉に、時間をかけて調査を実施した。県外避難をされている組合員のもとに出向いて、対応をおこなった。避難指示が解除されてからは、調査班を5チーム派遣し、集中的に現地調査を実施した。未曽有の災害に対する現地調査・共済金支払対応であり、こうした取組もまた、「たすけ合い」精神の発揚の1つとして挙げられるものである[22]。このような対応を積み重ねてきた一方で、「共済」の意味を契約者が知っているかに関しては依然として課題が残るとの認識も語られた。組合員の中には、共済の理念や意義への関心が薄く、掛金が手ごろで

保障が充実している制度だから加入している方もいるとの認識が示された。

　2点目は、共済職員が契約者と接した際に感じたことである。

　例えば、火災共済だけの加入で、全ての災害が保障されると契約者が考えていたケースがあった。理由の1つとして、過去は掛金の支払方法は現金払いが主流だったが、今は、それが口座振替に代わってきたため、契約内容に変更がなければ自動更新になる仕組みがあげられた。共済期間の満期更新ごとに契約の見直しを実施している契約者は少ないと考えられるとともに、ご高齢の契約者の方も増えてきたことから、中にはその時々に届く各種通知物を見ていない、契約内容が加入当初のままのケースもあるとの指摘があった。

　また、現地調査に入ったとき、自分が入っている共済商品の保障内容を充分に理解している方が少ないことも語られた。洪水被害の例では、浸水高・浸水割合を調査するだけで共済金が確定する仕組みとなっているが、契約者は、被災により不安を感じているためか、当該洪水による被害箇所以外にも、家屋の状況を色々と見てほしい、本来の保障対象外の部分も調査してほしいとの声が上がることがあるとの認識が示された。このように自身が契約している共済商品の制度に関する理解も様々であることから、共済金支払いにあたってトラブルを招かないように、丁寧かつ注意して対応している点も語られた。

⑥今後の災害対応・災害予防の課題

　地域における災害対応の課題は、初動対応である。準備・予測がどこまでできるか、人の配置をどうするか、スピード感が重要である。とはいえ、災害の状況によって変わるので、なかなか解消できない課題である。

　全国における災害対応の課題は、受付から共済金お支払いまでの期間をいかに短くするかである。組合員の不安解消が重要で、現地での準備が大事になっていく。

　災害予防の課題について、防災・減災の取り組みは、1度実施して終わるものではなく、これまでの経験を風化させず、未来に向けて組合員の命と暮らしを守るため、継続的に取り組み続けていくことに尽きる。災害への備えには、災害発生を時間軸で見た「事前（防災・減災）、もしもの備え（共済）、事後（復興・支援）」という横軸での備えと、公助・共助・自助という縦軸での備えという二つの軸で考え、備えていく必要がある。一方で、コロナ禍においても、風水害による被害は常態化している。三密を避けるなどの対応が求められる中で、どのような取り組みができるかを考えなければならない。

　取り巻く環境や社会の変化に向き合いながら、防災・減災の啓発や共済の普及を進め、公助・共助・自助全体で見て、いかに組合員・生活者の意識・行動変容を促進していくかが課題であるとの認識が示された[23]。

　共済の普及においては、組合員が住まいの保障を検討または見直す際には、一人ひとりに自分の必要保障額の目安を確認して頂くとともに、風水害や地震等への備えの必要性を伝え、自然災害共済への加入を必ずお勧めするなど継続的な意識付けをしていくことが重要である。

(3) ＪＡ共済連へのインタビュー

　2020年8月26日、JA共済連にインタビューを実施した。インタビューでは、共済商品について・災害対応の基本方針・現地での取り組み・全体としての課題、合計4点を主要項目として伺った。

①共済商品（自動車共済・建物更生共済）

　自動車共済は、1963年から全国展開し、一定程度ではあるが自然災害を保障項目に入れていた。組合員にとって、自動車は生活必需品であり、自然災害で壊れ、修理が出来ない事は、生活ができないことになるので、出来る範囲で保障していた。異常危険準備金をベースに共済金支払いの準備をしているが、免責を入れて限定的な対応をして

いた。準備金のバックボーンが出来てきたので、自然災害の保障対象の範囲も拡大していった。

台風が保障対象になったのは 1976 年からである。ただ、地震・津波・噴火は免責のままだった。東日本大震災では、津波により多くの車が流された。だが、この段階で津波は免責であり、震災後、地震等車両全損時給付特約を作り、可能な限り対応をしている。

建物更生共済は、自然災害に特化した仕組みではなく、火災も保障しており、地震については、保障を 50％ としている。考え方のベースとして、保障漏れを防ぐためにも保障はシンプルな形で提供したいとの思いがあり、フルパッケージで提供してきたのが現状である。

東日本大震災（2011 年）について、建物更生共済の共済金支払いでは過去最大となった。阪神・淡路大震災（1995 年）では、件数ベースで 10 万 1500 件、共済金として 1,118 億円の支払いであったのに対し東日本大震災では、件数ベースで 68 万件、支払いベースで 9,373 億円の共済金支払いとなっている。

自然災害の保障について、仕組みが改訂されたときには、契約者にお知らせをして、可能な限り、改訂後の保障内容を遡及して適用（遡及適用）している。

だが、保障内容が大幅にアップするときには、遡及対応はできず、契約内容の見直し・再契約をしてもらう。小幅修正の際には、遡及対応されるが、大幅修正（例：保障内容の大幅変更など）では、遡及対応されない。

②災害対応の基本方針

阪神・淡路大震災以前は、全国的な損害調査・査定支援体制が構築されていなかった。災害が発生した県で、損害調査・共済金の支払いを完結していた。阪神・淡路大震災以降、各都道府県から、応援・支援を実施する広域支援体制を構築し、「迅速なお支払い」に取り組んできた。

（現状ベースだが）災害が発生した場合、被災 JA を所管する都道府県本部にて、災害対応の方針を決定する。災害対策本部の本部長は、都道府県本部の本部長と同じで、災害対策本部の本部長の指揮命令により、災害対応がなされる。複数県に大きな被害が生じた場合や災害対策本部から全国本部に支援の要請があった場合などでは全国本部に災害対策本部を設置し、査定の支援を決定し、都道府県に支援要請を通知する。実態からすると、複数県に大きな被害が及んでいるような東日本大震災クラスの地震だと、当初から全国本部に災害対策本部が設置され、県本部と全国本部で協議をしながら進めていく流れになる。

③災害対応に関する現地での取り組み

（現状ベースで）被災地〈現地〉に大量の人員が投入されるので、査定拠点の新設・増設が必要になる。それに必要な設備や物資を被災地に送る。損害調査に必要な備品や端末を送っている。これが物の動きの面での初動である。現地で調査員が何人必要か、この点は、現地の県本部と調整する。被災件数に応じて、調査規模や調査期間を記した損害調査計画を策定することも、初動として重要である。

東日本大震災後、大きな余震があり、すぐに損害調査ができなかった。初動が遅れ、3月下旬から損害調査に入った。東日本大震災は被災県が多かったが、岩手県や関東地方では、震災から一週間後には、損害調査を始めていた。実際の調査は JA 共済連の職員と JA 職員で損害調査員資格を有する者が調査を実施する。

④その他

インタビューでは、JA 共済連の特徴に関して、以下の指摘があった。

JA 共済連の特徴として、加入されている方々に、適正なお支払いをすることが共済事業の目的であり、相互扶助の精神で事業をしている点があげられる。共済金の支払いは、加入内容に基づいて支払われるため、加入内容によっては（加入保障額に不足があるような契約の場合）、

十分な保障が受けられないことがある。今後の災害に備えて、加入者に対して、保障点検を実施している。

　契約者の実情に関する認識も伺えた。保険と同じで、万が一のために保険に入られている方がほとんどで、共済金の支払いの仕組みの詳細までは知らないのではないかと認識している。契約者の関心は、今回の災害で共済金が支払われるかどうかであるため、現地対応では、後にクレームにならないためにも、契約者に契約内容の説明等を実施している点も語られた。

　⑤全体としての課題
　インタビューでは、課題が2点あることが指摘された。
　1つ目の課題は、多くの契約量に対するマンパワーの不足である。JA職員には、調査員資格のない職員も多くいたため、資格を有する人数を増やす事が課題となった。調査員の養成は毎年行っていたが、指標等もなかったため、JAごとに差が生じていた。2011年段階で、全国で2.6万人の調査員がいた。その後、東日本大震災の教訓から迅速で適切な支払いのために全国で調査員を増やす方針にし、2020年4月段階で、全国で49,288人まで増加した。さらに、調査員を増やしていく計画で、順調に進んでいる[24]。
　2つ目の課題は、災害発生時、損保との競合により鑑定人の確保が困難となるので、鑑定会社と日頃から友好関係を構築し続けることである。契約者の権利意識の高まりや、建物が高度専門的(建材が特殊であったり、デザイナーズの建物であったり)になってきており、対応に専門知識が求められ、職員では対応しきれない部分が出てきているため、外部の鑑定人に調査依頼をしている。
　上記の課題とは別に、自然災害の激甚化は、掛金の引き上げにつながるので、お客様にとってフルパッケージだと入りにくい仕組みになるのではないかとの認識が示された。フルパッケージは良さではあるが、お客様の利便性を損なう部分もあるかとも思われるので、利便性

が高く、ニーズに合わせた形に仕組みを変えていくことも課題となりうると語られた[25]。

4.　現在の到達点と将来への課題

　これまで共済団体では、自然災害に対して、経験を踏まえ、独自の取り組みを実施してきた。見舞金の仕組みだけの状況から自然災害共済が誕生したこと、保障範囲を拡大したことなど、各共済団体が、様々な独自性のある取り組みを実行してきたことは、インタビュー内容を鑑みても明らかである。

　被災された契約者に対する保障の「仕組み」は構築されており、この点は、将来にも生かされるものであると推察する。

　継続的な災害予防の取り組みが、自然災害保障の付帯率の向上につながったことは、災害予防の取り組みに効果がみられたことを意味している。

　現在の到達点は、自然災害を対象とした保障の仕組みを構築できたこと、迅速な災害対応の仕組みが構築されたこと、継続的な災害予防の取り組みが付帯率上昇に効果があったことである。

　最大の課題は、大塚 (2018) の見解、インタビューで共通に指摘された、共済商品への加入促進である。インタビューでは、共済商品を契約した理由として掛金の手ごろである点、契約者が加入する共済商品の見直しをすることが少ない点が指摘された。

　本来、自らが有しているリスクと照らし合わせ、最適な共済商品を選択するのが理想ではある。だが、共済商品を契約した理由の一例が、掛金の手ごろさであり、理想に近い状況とは言い難い。だがそれは、無理もない話である。そもそも、「何のために保険 (共済商品) に加入するのか」を中等教育の段階で学ぶ機会は少ない。私も、保険を学問として学ぶまで、「保険は難しい」というイメージしかなかった。上記の事を踏まえると、加入促進の解決へのキーワードは、人々の保険に

対する認識が変化することと推察する。加入促進の第一歩は、組合員が自然災害に関する「正確なリスク認識」を持つことであると私は考えている。「正確なリスク認識」を持つことで、組合員が最適な共済商品を選択できる可能性が高くなると考えられ得るからだ。

　こくみん共済 coop とのインタビューで、契約者の中には、契約内容を充分に理解していなかったケースも一部見受けられることを指摘された。充分な保障が受けられないことは、「悲劇」であると言わざるを得ない。こくみん共済 coop の「住まいと暮らしの防災・保障点検運動」、JA 共済連の、契約者（加入者）に対する保障点検の取り組みは、「悲劇」を防ぐ点で有効である。だが、「悲劇」が現実に起きている以上、「悲劇を生まないために何が必要か」の視点も必要なのである。従って、初めての契約の際、契約予定者への説明が勝負所になると推察される。

　初期加入段階から、将来、「悲劇」を生まないために、私案ではあるが、①自然災害に対する共済団体の考え方、災害対応への取り組み内容を説明する、②十分な保障が受けられなかった例を示す、③これまで、契約者が認識を誤りやすい、誤解を生じやすい点を一覧化し、契約予定者に一覧を渡すとともに、契約段階で説明することが考えられる。

　また、共済団体が組合員に対して、現段階における「自然災害リスク限定のリスク認識調査」を実施することも私は提案したい。

　調査内容の最重要項目は、①組合員が必要な共済商品に加入しているか、②「組合員のリスク認識」と「実際の自然災害リスク」を比較する、③組合員のリスク認識の実態を明らかにすることの3点である。「実際の自然災害リスク」は、過去の災害発生状況、最新の地震や洪水のハザードマップを参照する。この調査を通じて、これまで起きた共済商品未加入による「悲劇」を減らすこと、共済団体が取り組んできた災害予防活動のバージョンアップに繋がる可能性があると私は考えている。

　インタビューでは、災害対応の課題として、スピード感（こくみん共済 coop）、多くの契約に対し短期間で適切な対応を組織的に行うため

に調査員増加・鑑定人との友好関係の構築 (JA共済連) が挙がった。この点は、自然災害がなくならない限り、その都度出てくる課題と思われる。

5. おわりに (共済団体に求める役割と期待)

　最後に、役割と期待という意味で、共済団体の取り組みが、社会として大変重要な役割を果たしている点に触れたい。国の方針は、「自助」・「共助」をメインにするとしていた。共済団体が、「自助」・「共助」のモデルケースになりうる可能性も指摘した。だが、話はそこでとどまらない。

　「最後のおひとりまでお支払いをする」、この「たすけあい」の精神は、誰一人見捨てないことも意味し、被災地の生活再建に関して、誰一人取り残さないことを意味する。こくみん共済 coop のインタビューから明らかになった点は、共済の仕組みが、結果として、国の援助なく、被災で被ったマイナスをカバーする役割を果たしていることを意味している。これは、まさに社会的貢献であり、社会的利益であり、ひいては、公益につながる可能性を秘めている。

　インタビューでは、「たすけあい」の精神を理解している人が少ないことが語られた。インタビューで語られた「たすけあい」の精神は、協同組合が将来世代に伝承すべき事柄であり、「たすけあい」の精神の重要性を、今以上に多くの人々に事例を通じて伝えることも、大切であると思われる。

注

1　指摘例として、内閣府防災担当 (a)、p.4 がある。

2　内閣府 (a)、p.4

3　読者の方々には、「自助・共助・公助」の定義が定まっていない点を理解頂きたい。例えば、「共助」を社会保険の文脈でとらえていたり、内

閣府 (b) では、「自助・共助」とセットで表記していたり、岡田 (2017) では、「自助・共助・公助」でなく、「自助・互助・公助」と表記していたりしている。

4　若松 (2012)、p.87

5　損害保険料率算出機構 (a)、損害保険料率算出機構 (b) をベースにしている。

6　内閣府防災担当 (b)、p.15

7　内閣府 (b)、p.31

8　同上、注 6、p.31

9　内閣府防災担当 (c)、p.4

10　共済団体の取り組みに関して、一例として、若松 (2012) の論考があるが、今回のインタビューでは、2020 年段階での、共済団体の取り組み・特色、現状を」把握することも目的の 1 つである。

11　宮地 (2012) は、東日本大震災のこととして、組合員の中で共済加入の有無による不公平感が存在すること、共済団体の保障内容による差を理由とした不公平感の存在を指摘した。

12　見舞金制度に関して、江澤 (2012) は、不安定な制度と指摘した。さらに、江澤 (2012) は、契約者の視点からみると、高額の見舞金の支給に関して肯定的な認識だが、支給されない場合もあり得ることを指摘した。

13　宮地 (2012)、p.16

14　大塚 (2018)、p.76

15　大塚 (2018)、p.77

16　大塚 (2018)、p.77

17　インタビューにおいて、この開発の事を「勇気のいる開発」と指摘されていた点を付記する。

18　制度設計の中でリスクを抑える事例とは：たとえば、九州では風水害のリスクが大きいが、相対的に地震のリスクは小さい。関東では、地震のリスクは大きいが、風水害のリスクは、相対的に小さい。保障を組み合わせることで、一律掛金の商品として成立させている。

19　将来起こりうる大規模災害のリスク（首都直下地震など）に関して、最大の損害予測を内部で検討している点もインタビューでは語られた。

20　インタビューでは、①想定以上の被害が生じたことを理由に対応段階を変更することはありうる。②初期の段階から災害被害が大きくなると予想されるものは、全国対応と決めることもある。③災害規模が

年々大きくなっており、行政区域を超える対応が求められている、計3点も語られた。

21　現地派遣期間に関して、1週間交代を確実に守る方針で実施している。土日も休みなく調査があり、調査員の体調にも考慮する必要があるための1週間交代である。

22　「たすけあい」の事例(組合員に寄り添う対応、臨機応変な対応):東日本大震災の津波等のケースでは、契約書のコピーの提出はもとめず、印鑑はサインで対応したり、規約で印鑑証明が必要なケースでも提出を省略して対応をした。

23　インタビューでは、取り組み強化の一例として、防災・減災の大切さを啓発する機会は毎年あり、手段もWEBコンテンツに限らず、例えば組合員情報等による発信などが指摘された。

24　2020年7月の熊本豪雨を例にすると、3年前は熊本地震もあり、調査員を積極的に増やしてきた。さらに、コロナ禍も重なり、県外から熊本に入ることができなかった。熊本県本部と被災エリアだけの対応で、共済金支払いがおおむね完了するに至った。

25　インタビューでは、以下2点の指摘があった。①1961年は、伊勢湾台風の直後であり、出来る限り保障したいとの先人の思いがあって、この仕組み(自動車共済)が出来上がったのではないか。②大きな災害の後だと、契約者の声が多く届くので、見直しのタイミングではないかと考えている。

参考文献

江澤雅彦 (2012)「東日本大震災における保険と共済の取り組み」生活協同組合研究 436 号、pp.19-24

大塚忠義 (2018)「地震等大規模災害補償に対して生協共済ができること」生活協同組合研究 506 号、pp.70-77

岡田太 (2017)「共済概念の再検討―共済一般の概念化と保険理論の適用に向けての準備作業―」保険学雑誌 636 号、pp.143-166

宮地朋果 (2012)「巨大災害時における協同組合・共済の役割」生活協同組合研究 436 号、pp.12-18

若松仁嗣 (2012)「東日本大震災にかかる JA 共済の取組み―協同組合・共済事業の社会的役割について―」保険学雑誌 619 号、pp.83-97

損害保険料率算出機構 (a)「平成 23 年度損害保険料率算出機構統計集」
https://www.giroj.or.jp/publication/statistics/statistics_2011_all.pdf#view=fitV

（閲覧日 2020 年 10 月 12 日）

損害保険料率算出機構 (b)「2018（平成 30）年度損害保険料率算出機構統計集」https://www.giroj.or.jp/publication/statistics/statistics_2018_all.pdf#view=fitV（閲覧日 2020 年 10 月 12 日）

内閣府 (a)「被災者生活再建支援法の一部を改正する法律 について」http://www.bousai.go.jp/kohou/oshirase/h16/pdf/houritsu-setsumei.pdf（閲覧日 2020 年 10 月 12 日）

内閣府 (b)「平成 30 年版防災白書 第 1 部 我が国の災害対策の取組の状況等」http://www.bousai.go.jp/kaigirep/hakusho/pdf/H30_dai1bu1.pdf（閲覧日 2020 年 10 月 12 日）

内閣府防災担当 (a) 被災者に対する国の支援の在り方に関する検討会「最近の竜巻等突風被害を踏まえた被災者支援の推進に関する提言」http://www.bousai.go.jp/kaigirep/kentokai/hisaishashien2/teigen/pdf/teigen_01.pdf（閲覧日 2020 年 10 月 12 日）

内閣府防災担当 (b) 保険・共済による災害への備えの促進に関する検討会報告「参考資料」http://www.bousai.go.jp/kaigirep/hisaisha_kyosai/pdf/sankou_1.pdf（閲覧日 2020 年 10 月 12 日）

内閣府防災担当 (c) 保険・共済による災害への備えの促進に関する検討会（第 3 回）「議事概要」http://www.bousai.go.jp/kaigirep/hisaisha_kyosai/dai3kai/pdf/gijigaiyo.pdf（閲覧日 2020 年 10 月 12 日）

第4章

生協共済の財務健全性の確保

大塚　忠義

1.　はじめに

　本章では、消費生活協同組合共済(以下、「消費生活協同組合」を「生協」と、「消費生活協同組合共済」を「生協共済」と、それぞれいう)において財務の健全性確保が求められる所以と財務健全性の現状と課題を明らかにする。

　我が国の保障事業における共済の存在は大きく、その事業規模に鑑みると共済は民間保険会社の競合者であるといえる。共済がその独自性を発揮し民間保険会社と切磋琢磨していくことが我が国の保障事業の発展につながると同時に、共済が破綻した場合には民間保険会社が破綻した場合と同様の影響を消費者と社会に与えることを考慮しなくてはならない。

　国連は2015年にすべての国と関係者が実行すべき行動計画として、17項目の「持続可能な開発目標(Sustainable Development Goals: SDGs)を採択した。そのなかで、協同組合はその価値を実践するために地域社会の持続可能な発展(Sustainable Development)に努めるべき旨を定めており、協同組合にとってSDGsは重要な意義を有している。

　協同組合共済においてもSDGsへの取組みと対応する目標が掲げられているが[1]、持続可能性のうち最も重要なことは事業が破綻する蓋然性を低くすることである。これは平常時においては毎年の決算で赤字に陥らないよう収益性を確保することであり、そして、大災害や金融恐慌等甚大な損害発生に直結するイベントが発生した際に想定される損失額を抑制できる経営能力があること、それでも巨額の損失を被ったとしても事業の破綻を回避できる、たとえ破綻しても契約者が損失を被る事態を避けることができる財務基盤を有していることである。

　これ以降の本章の構成は次のとおりである。まず、我が国の保障事業における生協共済の現状を俯瞰したうえで、関連する法規整、代表的な指標である支払余力比率について詳述する。そのうえで、主要な生協共済連の支払余力比率の水準を評価し、生命共済の特性と財務健

全性の関係を明らかにする。最後に、将来にわたり生協共済が健全性を確保するために留意するべき事項・方策について提言する。

2. 生協共済の事業規模

(1) 共済の事業規模

　共済とは、地域、職業、職場でつながる特定の者を対象とする生命保険・損害保険に類似した保障ないし補償事業である。共済は、法律の根拠のある制度共済[2]、または地方自治体内、企業内、労働組合内、学校内、地縁団体内、もしくは1,000人以下の者を相手方として行うものに分類される。このうち、消費生活協同組合法(以下、「生協法」という)に基づき共済業務を行っている団体が生協共済である。

　「共済年鑑」[3]によると、共済を実施している団体の数は6,368である。これら共済の事業規模を合計すると契約件数が1億4千万件、共済金額が1,017兆円となっている。共済は生命共済、損害共済を兼営している団体もあるため単純に比較できないが、民間生命保険業界の個人保険の契約件数および保有保険金額1億8千万件、848兆円に匹敵する事業規模である。すなわち、我が国の民間による生活保障事業は民間保険会社と共済によって構成されているといえる。その意味では、共済は民間保険会社を補完するものではなく、競合相手であるといえる[4]。一方で、共済団体数6,368は民間保険会社の70社[5]を大きく上回っている。このことは小規模の共済団体が多数存在していることを窺わせる。

　表2-4-1は、共済の事業規模を根拠法により分類される団体ごとに示したものである。4つの協同組合法以外の根拠法による共済団体が3,815と過半を占めているが、協同組合法に基づく共済団体も2,553ある。それぞれの分類でみても数多く小規模な共済団体によって運営されていることがわかる。

　一方で、組合員数、契約件数、共済金額、総資産のいずれをみても、

表 2-4-1　共済の事業概況

	生協共済	農協共済	漁協共済	中小企業共済	その他の共済	合計
会員組合数	575	721	1,034	223	3,815	6,368
組合員数	6,305	1,051	29	282	231	7,898
契約件数	7,715	5,676	58	260	603	14,313
共済金額	5,041,944	3,422,042	47,348	75,700	1,583,308	10,170,342
受入共済掛金	16,305	57,181	521	840	666	75,514
支払共済金	9,299	45,432	465	528	342	56,069
総資産	77,053	580,992	4,722	2,910	867	666,545

(単位) 会員組合数；団体、組合員数・保有共済件数；万件、その他；億円
(出典)「共済年鑑 2020 年版」をもとに筆者作成

そのほとんどを生協共済と農業協同組合共済 (以下、「農業協同組合」を「農協」と、「農業協同組合共済」を「農協共済」と、それぞれいう) で占めていることがわかる。

　農協共済は、単一の連合会である JA 共済連がすべての共済契約を引受けている[6]。つまり、農協では 721 組合が共済事業を行っているが、保険者としての機能は JA 共済連に集約されているので実質 1 団体である。これに対し、生協共済は 9 の共済連[7]と地域生協共済(1 組合)、労働組合生協共済(4 組合)、職域生協共済(8 組合) の 22 の組合が共済契約を引受けている。このことは、生協共済は農協共済と異なり、比較的規模の小さな組織も保障を引受けていることを意味する。

(2) 生協共済の事業規模

　次に、生協共済の事業規模をみていく。特に、生協共済のなかで大きな位置を占めている共済生活協同組合連合会(以下、「生協共済連」または単に「共済連」という)の事業規模に注目する。生協連合会は、会員生協から構成される団体を指し、共済連を含む多様な連合会が存在する。連合会は高次の協同組合であるため、制度上の所有者は組合員ではなく会員生協である。しかし、連合会もまた協同組合である以上、生協法および協同組合原則が適用される[8]。

　生協共済は地域、職業、職場でつながる特定の者を対象とするがゆえに、小規模の組織が数多く存在する。民間保険会社が不特定多数の者を対象としているのとは対照的である。一方、共済も保障・補償事業であるので大数の法則に従う。このため、事業規模が大きい方が事故率は安定し、財務の健全性が向上する。共済連は、共済団体の高次の組織として日本全国の会員共済から保障・補償を引受けることによって、会員生協の共済事業を安定化させ、健全性を高める機能を果たしている。

　表 2-4-2 は、生協共済全体に対する 4 つの連合会の占める割合を示したものである。表 2-4-2 からわかるように、全国労働者共済生活協同組合連合会（以下、「こくみん共済 coop」という）、全国生活協同組合連合会（以下、「全国生協連」という）、日本コープ共済生活協同組合連合会（以下、「コープ共済連」という）、全国大学生協共済生活協同組合連合会（以下、「大学生協共済連」という）の占める割合が非常に高い。

　4 団体で契約件数、共済金額のいずれも 89％を占めている。つまり、日本共済協会に報告している生協共済の組合数は 575 だが、4 つの共済連で生協共済の 9 割近く契約を引受けている。

表 2-4-2　生協共済の事業規模（占率）

（単位；%）

	こくみん共済 coop	全国生協連	コープ共済連	大学生協共済連	4 団体合計
会員組合数	10	7	27	38	82
組合員数	22	29	37	2	91
契約件数	38	39	11	1	89
共済金額	46	40	2	0	89
受入共済掛金	35	41	12	1	89
支払共済金	39	39	7	0	86
総資産	50	11	5	0	67

（出典）「共済年鑑 2020 年版」をもとに筆者作成

(3) 大規模生協共済連の事業からみた特徴

　前述のとおり、共済全体で引受けている保障額は、民間生命保険業界を上回っている。生協共済に限っても大規模な共済連の事業規模は大手民間保険会社に比肩する。**表2-4-3**は事業規模の大きい4つの共済連を日本生命のものと比較し、指数化したものである。なお、参考として、インターネット専業のライフネット生命も比較の対象に加えている。

　こくみん共済coopと全国生協連においては、契約件数は日本生命とほぼ同一、共済金額では1.50~1.70倍となっており、民間保険会社最大手と契約規模では肩を並べている。また、コープ共済連、大学生協共済連についても日本生命より規模が小さいとはいえライフネット生命を大きく上回っている。

　次に、受入共済掛金、支払共済金、および総資産をみると、こくみん共済coopと全国生協連の受入共済掛金は日本生命の10%程度、総資産は数%と大きく下回っているが、支払共済金[9]は40%水準となっている。

　このような民間生命保険会社との違いは、生協共済が提供している生命共済が短期で保障性が高いものがほとんどで、民間保険会社が主力としている終身保険や貯蓄機能を有した保険と異なるからである。こくみん共済coopの「こくみん共済」、コープ共済連の「たすけあい」、「あいぷらす」、および全国生協連の「生命共済」に代表される生命共

表2-4-3　4共済連の事業規模（日本生命を1とした場合の指数）

	こくみん共済coop	全国生協連	コープ共済連	大学生協共済連	ライフネット生命
契約件数	1.04	1.09	0.300	0.036	0.011
共済金額	1.70	1.50	0.092	0.018	0.017
受入共済掛金	0.12	0.14	0.040	0.002	0.003
支払共済金	0.38	0.39	0.071	0.004	0.002
総資産	0.06	0.01	0.006	0.000	0.001

（出典）「共済年鑑2020年版」「インシュアランス生命保険統計号令和元年版」をもとに筆者作成

済は、シンプルで保障は厚いが掛金は安いものが多い。各共済組織の
代表的な生命共済の特徴が民間保険会社の商品と異なるという事実は、
健全性の維持・向上のための方策に差異がでてくることを意味する[10]。

3. 財務健全性確保に係る法規制

(1) 生協共済に対する規制の枠組み

　生協共済の根拠法である生協法は生協組織すべてに対する法規整で
あり、共済事業に係る条項は生協全般の法規律の一部を構成するとい
う位置付けになる。このため、生協法では共済事業に係る規制の対象
となる生協とそうでない生協を明確に区分している。すなわち、民間
保険会社に対する法規整である保険業法とは、法体系が異なっている。

　生協法では共済事業を実施する生協に対し、一律に規制措置を講じ
ることとしている。ただし、共済金額が極めて低額な給付[11]のみを
実施している生協に関しては規制の対象から外している。つまり、財
務健全性の確保に係る規制は一定規模以上の生協と生協連のみを対象
としている。そして、共済事業の規制の対象となる生協に対しては共
済事業以外の事業を兼業することを禁止している。生協はその特質と
して組合員のニーズに応じて各種サービスを総合的に提供している。
生協共済に関しても組合員の相互扶助組織という生協の特質を損なう
ことなく共済に加入した契約者を保護することが兼業禁止規定の趣旨
である。

　生協法改正にあたって厚労省社会・援護局長の私的研究会として設
置された「生協制度見直し検討会」の報告書[12]によると、共済業務と
他の業務の兼業を禁止することについて次のように記載している。共
済金額が極めて少額な給付のみを実施している生協の場合は、破綻時
における加入者が負うリスクはそれほど多くないといえるので、生協
の自治運営に委ね損失が発生した場合は契約者の自己責任としても良
いと考えられる。しかしながら、事業規模が一定以上の生協において

は、利害関係者が多数かつ広範囲にわたるため、他事業の財務状況が
悪化し、それが共済事業に影響を及ぼした場合に契約者に与える影響
は大きい。また、再共済事業、再々共済事業を行う連合会についても、
他事業の財務状況が悪化し、それが再共済事業や再々共済事業に影響
を及ぼした場合、出再している生協に大きな影響を与えることとなる。
このように、一定規模以上の生協と生協連は、民間保険会社と同様に
健全性に問題があった場合に消費者に与える影響が大きいので、民間
保険会社と同様に規制が必要であると考えられている。

(2) 法規制における保険と共済の同質化

　生協は組合員への最大奉仕を目的とする非営利の団体である。生協
共済も同様に生協法と協同組合原則に基づいて運営されており、民間
保険会社とは理念が異なる。しかしながら、金融サービスに係る契約
法の観点からみると、保険と共済は同質な私契約として規律されてい
る。2010年に商法から独立して施行された保険法第2条は、「保険契
約、共済契約その他のいかなる名称であるかを問わず、当事者の一方
が一定の事由が生じたことを条件として財産上の給付を行うことを約
し、相手方がこれに対し当該一定の事由の発生の可能性に応じたもの
として保険料（共済掛金を含む）を支払うことを約する契約をいう。」と
規定している。すなわち、契約法の分野においては、保険契約と共済
契約の間の境界は消滅したと理解するべきである[13]。

　また、1996年に保険業法が改正され、民間保険会社に対して健全
性の確保が強く求められるようになった。根拠法に基づく共済に対
しても、2005年に農業協同組合法、2007年に中小企業等協同組合法、
2008年に水産業協同組合法、生協法がそれぞれ改正され、民間保険
会社と同様の健全性確保が求められるようになった。この一連の根拠
法の改正により、保険・共済事業に対する健全性に係る監督規制は同
質のものとなっていった。特に、共済連については、破綻時に組合員
に与える経済的損失が大きく、民間保険会社と同様の規制が必要であ

るとされている。

　その背景は次のようなものである。1996年に発表された日本版金融ビッグバン構想に基づき、保険事業に関しても規制緩和による事業の効率化と相互参入による競争が促進された。規制を緩和するにあたって、監督当局は民間保険会社に健全性の確保を強く求めるようになった。共済事業についても規制を緩和する前提として、消費者保護と経営の健全性確保の観点から、健全性確保のための規制について保険とのイコールフッティングを求める議論が起こった。

　前述した「生協制度見直し検討会」の報告書によると見直しの基本的な考え方として、生協共済と保険には一定の差異が認められるものの、金融事業の一種であることや、破綻時に契約者に与えるリスクが大きいことを踏まえれば、一定の規制が必要であるとしている。

(3) 財務健全性の確保に係る法規制

　保険・共済に係る根拠法では、保険契約・共済契約に基づく将来における債務の履行、すなわち将来発生する保険金・共済金の支払に備えるために責任準備金を積立てることを求めている。現在では保険・共済を含む保障事業の運営において、通常予想される範囲のリスクについては責任準備金の積立てによって対応する一方で、予測を超えるリスクに対する備えとして一定水準の支払余力を確保することが求められている。

　1996年に改正された保険業法では、「規制緩和・自由化の促進」「公正な事業運営の確保」とともに「保険事業の健全性の維持」が柱となり、問題会社の早期発見、早期対応を目的に、監督当局が民間保険会社の経営危機を未然に防止するための指標としてソルベンシーマージン基準(比率)が導入された[14]。ソルベンシーマージンとは民間保険会社が保険契約者のための負債を超えて保有する支払余力のことである。2008年改正の生協法をはじめとして各共済の根拠法でも、共済事業の健全性の確保を目的にして同様の規定を新設している。ただし、

生協法等では、この指標の名称を支払余力比率としている。本章では、混同を防ぐため以後民間保険会社に関しても支払余力比率という名称を用いる。

　世界各国の保障事業に係る法規制において支払余力比率は監督当局による早期是正措置の発動基準になっている。我が国の保険業法、生協法においても、支払余力比率は監督当局が行政指導や業務停止を含む行政命令を行う基準となっている。

　この他に、健全性の確保に係る法規制としては、事業を開始する際に最低限保有すべき資本金・出資金の基準、他業・兼の禁止、事業の透明性を確保するために経営情報のディスクロージャーの義務付け、保険計理人・共済計理人による経営内容の確認および報告、責任準備金を含む保険契約者準備金の充実があげられる。加えて、監督当局による報告書の徴求、モニタリングや経理処理等の指針を通じ、健全性の確保のための取組みを促している。

(4) 財務健全性の確保等の法規制における保険と共済の差異

　次に、生協共済に対する財務健全性の確保、破綻時の契約者保護に係る法規制のうち、民間保険会社に対するものと異なる規制を3点列挙する。

　生協共済の利益処分に関しては、出資金総額に達するまで毎事業年度の剰余金の5分の1以上を利益準備金として積み立てなければならない。一方で、剰余金の80％以上を組合員に還元する旨が規定されている。保険株式会社には剰余金の契約者への還元規定は存在しない。また、保険相互会社については剰余金の20％以上[15]を契約者(社員)に還元することとなっている。すなわち、生協共済は、健全性の確保のために剰余金の一定割合を留保することを求められている一方で、民間保険会社より多くの剰余金の還元を求める規定となっている。

　2点目の相違点としては、標準責任準備金制度が生協共済には存在しないことがあげられる。責任準備金は支払能力を確保するためのも

のであり、その水準は積立方式と計算基礎率によって決まる。標準責任準備金とは、民間保険会社が設定する保険料水準にかかわらず、監督当局が民間保険会社の健全性の維持、保険契約者の保護の観点から定める水準の責任準備金のことである[16]。規制緩和の進展により保険料の計算基礎率については民間保険会社の選択の幅が広がったが、責任準備金の算出に当たっては積立方式と計算基礎率を監督当局が定めすべての会社がそれを遵守することが求められている。

　生協共済に標準責任準備金制度がない理由は、共済は保障期間が短期のものがほとんどであるため、民間保険会社が提供する長期の保険に比べ責任準備金の水準が低い。このため、責任準備金の計算基礎率を規制する必要性が低いからだと考えられる。しかしながら、終身共済のように民間保険会社の長期の保険と同様のものが増えてくると責任準備金の積立てに関しても同様の規制を検討する必要がでてくるであろう。

　最後に、破綻したときに契約者を保護するための法規制が、保険業法に較べると生協法は不十分であることをあげる。保険業法では、民間保険会社が破綻した場合に予定利率の引き下げ等契約条件の変更、契約の包括移転に関して規定している。これに対し生協法の解散・清算の規定[17]には、共済事業を行っている生協が破綻した場合に契約者を保護するための規定は存在しない。

　また、破綻時に契約者を保護するセーフティネットが生協共済にはないことも民間保険会社に関する法規制と異なる点である。保険契約者保護機構は、万一民間保険会社が破綻した場合に、破綻保険会社の保険契約の移転、合併、株式取得を進めるために資金援助等を行うことにより、保険契約者の保護を図ることを目的として保険業法に基づき設立された組織である[18]。

　生協共済に関しても保険契約者保護機構のような仕組みを生協法に基づき設けることについての議論が生協法の改正時に行われた。しかしながら、共済事業と他の事業を兼業している場合には共済事業の実

施事業全体に占める割合や組合の破綻理由がさまざまなことや、兼業の有無にかかわらず、実施する共済事業の種別は生協によってさまざまであることから、そのような仕組みを設けることにはなじまないという結論になった[19]。

　一方で当然のことながら、万一共済が破綻した場合の影響を考慮するとその蓋然性はできる限り引き下げなければならない。このような観点から、生協共済の9割近く契約を引受けている共済連が、生協共済全体の健全性を確保するために自らの健全性を確固たる水準に維持することが求められる。

4. 財務健全性の指標である支払余力比率

(1) 支払余力比率の意義と算定方法

　支払余力比率は、保険・共済の財務の健全性を示す指標として代表的なものである。同比率は財務分析において健全性を測定する際に最も活用される自己資本比率の一種である。自己資本比率は保有資産に対する自己資本の割合を示すものであるのに対し、支払余力比率は保有するリスクに対する自己資本の割合を示す指標となっている点が異なる。

　保険・共済は、一定程度の支払の増加や金利の低下による収入減など「通常予測できる範囲のリスク」については、保険金を支払うために予め見込んで責任準備金（負債）として積み立てている。一方、大規模災害による保険金支払の急激な増加や運用環境の悪化などの「通常の予測を超えたリスク」に対しては「自己資本」と「資本性の高い準備金」で対応することになる[20]。この金額を支払余力総額と称している。

　支払余力比率は、保険・共済が「通常の予測を超えたリスク」に対してどの程度の支払余力を有しているかを測る指標である。つまり、百年、千年に一度くらい極めて稀な大災害、パンデミックや経済恐慌による甚大な損失に対して保険・共済組織が破たんしないで持続する

ための健全性を示す指標といえる。

　表2-4-4は支払余力比率の算出方式をまとめたものである[21]。支払余力比率は保険金の支払や資産運用に係るリスクの合計額を分母とし、出資金・株式・基金等の自己資本に資本性の高い準備金、内部留保、含み益等を加えた広義の自己資本を分子として算出している。

　監督官庁が健全性に問題のある保険会社・共済に対し、早め早めの経営改善への取り組みを促すため、支払余力比率が200%を下回ると早期是正措置命令を発動することとなっている。なお、計算式の分母からわかるように、支払余力比率200%とは支払余力総額とリスクの合計額が等しいことを示している。また、リスクの合計額は単純な足し算ではない。大災害が発生すると金融市場が混乱するため、リスク間の相関関係を考慮して算出している。

表2-4-4　支払余力比率の算出方式

支払余力比率 ＝	$\dfrac{\text{支払余力総額}}{\text{リスクの合計額} \times 1/2}$

	保険金の支払いの増加や出資基金(保険会社の場合は資本金や基金)および剰余金等の自己資本
支払余力総額	保険金の支払いの増加や資産の価格変動に対する準備金等 ―異常危険準備金 ―価格変動準備金

リスクの合計額＝	$\sqrt{R_1{}^2 + (R_2 + R_3)^2} + R_4 + R_5$

	R₁ 一般共済・保険リスク相当額(第三分野保険の保険リスク相当額を含む)
リスク相当額	R_2 予定利率リスク相当額
	R_3 資産運用リスク相当額
	R_4 巨大災害リスク相当額
	R_5 経営管理リスク相当額

(出典)筆者作成

(2) 支払余力比率の比較

表2-4-5 は、4共済連の支払余力比率を示したものである。比較のために日本生命と東京海上日動火災のものも記載した。

共済連の支払余力比率を高い順に列記すると、こくみん共済coop 1810.1％、コープ共済連1367.3％、大学生協共済連1287.7％、全国生協連847％といずれも高い水準にある。監督当局による早期警戒措置の発動水準が200％であることに鑑みるとリスクに備える支払余力は十分であるといえる。

また、民間保険会社最大手の日本生命、東京海上日動火災の933.3％、825.4％と同レベルかそれ以上の水準となっている。生協共済は生命共済事業と損害共済事業の両方を実施しているため、生命保険会社または損害保険会社の支払余力比率と単純に比較できないが、絶対的な水準としては十分な値であるといえる。

(3) リスク量の比較および生協共済連が引受けているリスクの特性

表2-4-6 は支払余力比率の分母であるリスク量合計額の内訳を比較したものである。これらの数値は生協共済が引受けているリスクの特性を表している。

保障に係るリスクである一般共済・保険リスク相当額は、こくみん共済coop 37％、全国生協連75％、コープ共済連91％、大学生協共済連76％となっている。日本生命7％、東京海上日動火災16％と比較すると全く異質のリスク構造になっていることがわかる。さらに、地

表2-4-5　4共済連と日本生命、東京海上日動火災の支払余力比率

(単位；％)

こくみん共済coop	全国生協連	コープ共済連	大学生協共済連	日本生命	東京海上日動
1810.1	847	1367.3	1287.7	933.3	825.4

(注) 日本生命、東京海上日動火災保険は単体ベースの数値を記載した (以下同じ)
(出典) 各団体、各社のディスクローズ誌をもとに筆者作成

表 2-4-6　4 共済連と日本生命、東京海上日動火災のリスク相当額の内訳

(単位；%)

リスク相当額	こくみん共済 coop	全国生協連	コープ共済連	大学生協共済連	日本生命	東京海上日動
一般共済・保険リスク	37	75	91	76	7	16
巨大リスク	38	22	4	21	-	13
予定利率リスク	8	-	0	-	12	2
資産運用リスク	38	7	22	8	86	81
経営管理リスク	2	2	2	2	2	2

(注 1)　一般共済・保険リスクには第三分野保険の保険リスクを含む
(注 2)　日本生命の予定利率リスクには最低保証リスクを含む
(注 3)「0」は四捨五入の結果であり、「-」は当該項目に数値がないことを意味する
(注 4)　リスク相当額は各リスクを合計しても 100% にはならない
(出典)　各団体、各社のディスクローズ誌をもとに筆者作成

震・台風などに備える巨大リスク相当額を加えると、全国生協連、コープ共済連、大学生協共済連は 90% を超えている。また、こくみん共済 coop も 75% であることから、生協共済連が引受けているリスクのほとんどは保障に係わるリスクであることがわかる。これに対し、日本生命は資産運用リスク相当額に予定利率リスク相当額を合わせると 98%、東京海上日動火災は 83% となっており、民間保険会社が保有しているリスクは大半が資産運用に係るものであることがわかる。

　保有するリスクにこのような差異が生まれる理由は、提供している保障内容の違いによるものである。生協共済が提供する保障はシンプルで掛金は安く毎年更新するタイプが多い。このため責任準備金の積立所要額が少なく資産運用の必要性が少ない。その分資産運用に係るリスクも少ない。しかしながら、終身共済のように長期の共済が増加してくるとそれに応じて資産運用リスクが増加することに留意しなくてはならない。

(4) 生協共済連の自己資本の水準と特性

　次に表 2-4-7 の支払余力比率の分子である支払余力総額の内訳をもとに、生協共済の支払余力総額および自己資本の水準と特性を分析す

表2-4-7　4共済連と日本生命、東京海上日動火災の支払余力総額の内訳

(単位；%)

支払余力総額	こくみん共済 coop	全国生協連	コープ共済連	大学生協共済連	日本生命	東京海上日動
資本金など	27	59	65	73	11	28
準備金等	39	35	25	16	24	22
有価証券・土地の評価益	1	0	1	-1	45	42
その他	33	6	9	12	20	8

(注) 大学生協連の有価証券・土地の評価益の負値は評価損を意味している。
(出典) 各団体、各社のディスクローズ誌をもとに筆者作成

る。

　支払余力総額のなかで、中核的な項目である自己資本の占める割合は、大学生協共済連73%、コープ共済連65%、全国生協連59%と日本生命11%、東京海上日動火災28%と比較すると飛び抜けて高い。こくみん共済 coop も27%と高い水準にある。

　一方、補完的な支払余力総額である有価証券・土地の評価益をみると、生協共済連はマイナス1〜プラス1%と少額であるのに対し、日本生命は45%、東京海上日動火災は42%と有価証券や土地の含み益が支払余力総額に占める割合が高い。また、損害保険会社である東京海上日動火災と損害共済を多く営んでいるこくみん共済 coop、全国生協連は異常危険準備金積立額の割合が高いという特徴がある。

　これらの数値より、生協共済連の支払余力総額は組合員が払い込んだ出資金と利益を留保して積み立てた法定準備金・任意積立金の合計額である自己資本で占められていることがわかる。そして、含み益の割合が非常に低く、金融市場の影響を民間保険会社に較べると受けにくい。すなわち、生協共済連の支払余力総額は、民間保険会社に較べると毀損する恐れが低いといえる。

　また、出資制度は生協独自のものである。共済加入者である組合員が共済の出資者にもなることは、生協共済の大きな特徴である。保険相互会社も相互扶助を目的とする非営利の企業団体であり、保険契約者が所有者(社員)であることは生協共済と同一であるが、保険相互会

社においては保険加入者が出資を求められることはない。出資をするという経済行為によって、加入者の意識に共済における加入者＝所有者＝運営者という概念が認知されるものと考えられる。一方で、株式や基金と異なり出資金には払戻しの規定があり、健全性に問題があり破たんの恐れがある共済の出資金が流出し健全性がさらに悪化する可能性がある。逆に、株主と異なり、出資者は共済事業が破綻したときに出資した金銭を失う可能性を正確に認識しているかという別の議論も必要であるかもしれない。

5.　おわりに

　我が国の保障事業における共済の存在は大きく、その事業規模に鑑みると共済は民間保険の競合者であるといえる。同時に、共済が破綻した場合には民間保険会社が破綻した場合と同様の影響を消費者に与えることを考慮しなくてはならない。その意味で、高次の協同組合である共済連の機能は重要であり、その健全性が共済事業全体の信頼性を支えているといっても過言ではない。

　このような現況に鑑み、生協共済連、JA共済に対しては、それぞれの根拠法により、民間保険会社と同様の健全性確保が求められている。すなわち、保険・共済事業に対する健全性に係る監督規制は同質のものとなっている。

　また、日々の共済業務運営に際し、生協共済連は堅固な自己資本に支えられ、高い財務の健全性を確保していることがわかった。

　民間会社は、販売増加が見込まれる商品、収益性が高い商品を積極的に販売拡大しリスクが増大したら、株式の増資や基金の増額によって自己資本を増加させることによって健全性の確保を行うことが一般的である。一方、生協共済は生協としての特性から出資金以外の自己資本の調達・充実に関し制約がある。このため、生協共済の財務の健全性を確保するためには、自己資本の充実を図るより、引受けるリス

ク量を管理し、リスク許容度を超えることのない事業運営を行うことが肝要である。また、生協ゆえの制約により、短期間に自己資本を増加させる方策を持っていないため、ひとたび健全性が悪化すると元の状態に戻ることは容易ではない。

このことから、生協共済は保有する自己資本の範囲内で健全性を確保することを前提として保障を設計し資産を運用することが、基本的な経営の方向性になる。その意味では、代表的な生命共済が持つ短期で保障性の高いという特性は、組合員のニーズに応えるだけでなく生協共済のリスクを一定範囲内に抑制する機能を果たしている。このように、生協共済の独自性は健全性を確保するために重要な役割を果たしているといえる。

また、財務の健全性の確保とともに、消費者の信頼性を高めるため経営情報のディスクローズは重要である。地域、職業、職場でつながる特定の者を対象とする共済においても、不特定多数のものを対象とする民間保険会社と同一水準までディスクローズの範囲を広げることが望ましい。

昨今では保険金融業の健全性維持のための第3の柱として、ディスクローズの充実により社会・消費者からの監視を強めることが重要視されている。消費者にとっては商品の内容、適切な募集・説明等が直接的には最も重要であるが、加えて保険会社・共済が「将来にわたって保険金の支払を安心して受けるための十分な財務基盤を有しているかどうか」をシグナルすることがディスクローズで求められている[22]。生協共済にとってもディスクローズの充実によって透明性の確保と財務基盤状況の開示を進めることが、組合員が共済運営に参加しているという意識を高めることにつながると考える。

注

1　武田 (2019)
2　主な共済の根拠法は、農業協同組合法、水産業協同組合法、中小企業

等協同組合法、および生協法があげられる。この他に共済の根拠となる特別法として、農業災害補償法、漁業災害補償法、小規模企業共済法、中小企業倒産防止共済法、中小企業退職金共済法、独立行政法人日本スポーツ振興センター法がある。

3　本統計は各種協同組合法に基づき共済事業を実施している協同組合の共済団体、および協同組合法以外の法律に基づき法人格を有し各所管省庁の認可を得て共済事業を実施している団体のうち、38 の団体から協力を得て作成しているものである。したがって、国が関与して出資または運営費などの国庫負担を受けている共済、および保険業法により保険業の免許等が不要とされている共済の実績は含んでいない。

　　また、2018 年度とは、各団体の 2018 年 9 月から 2019 年 8 月までに年度末を迎える事業年度を意味している。以下、本章において参照する共済団体、保険会社の数値は特に断りのない限り 2018 年度の値であり、「共済年鑑 2020 年版」「インシュアランス統計令和元年版」の他は個別団体・個別会社が公表している「2018 年度決算の現状」(ディスクローズ誌) によった。

4　江澤 (2009)

5　2018 年度末 (2019 年 3 月末) における民間生命保険会社 (かんぽ生命を含む) は 40 社であり、国内向けの営業を行っている損害保険会社 (再保険専業会社 2 社を除く) は 30 社である。

6　水産業協同組合共済も同様に単一の連合会である JF 共済連がすべての共済契約を引受けている。

7　2011 年 3 月現在 (再共済専業の再共済連を除く)

8　岡田 (2011)

9　日本生命、ライフネット生命の支払共済金は、満期保険金、年金を除外している。

10　共済は生命共済と損害共済の両方を取り扱っているが、民間保険会社では生命保険と損害保険の兼業を禁じられている。共済と保険を比較する際には、この点に留意しなくてはならない。なお、損害保険と損害共済については、給付に差異はほとんどみられない。

11　極めて低額な給付とは 1 被共済者に対し 10 万円以下である (生協法施行規則第 3 条、令和 2 年現在)

12　厚労省「共済事業に関する見直しについて」(2006)

13　江澤 (2012)

14　植村 (2009)

15　保険業法の規定に基づき各社の定款に定められている。

16　生命保険協会「生命保険会社のディスクロージャー虎の巻」

17　生協法第 62 条ないし第 73 条

18　金融庁「保険契約者保護機構について」(2006)

19　厚労省「共済事業に関する見直しについて」(2006)

20　金融庁「ソルベンシー・マージン比率の概要について」(2006)

21　リスクの分類と計量方法は保険業法施行規則および大蔵省告示第 50 号(同告示を一部変更する金融庁告示を含む)、ならびに生協法施行規則および生協法施行規程(厚生労働省告示第 139 号)に規定されている。

22　金融庁「経済価値ベースのソルベンシー規制等に関する有識者会議報告書」(2020)

参考文献

植村信保 (2009)「保険会社経営の健全性確保について」『保険学雑誌』、第 604 号 pp.61-74

江澤雅彦 (2009)「保険と共済の「境界」について」『保険学雑誌』、第 605 号 pp.13-32

大塚忠義 (2013)「生協共済連における健全性維持に関する考察」『保険学雑誌』、第 621 号 pp.49-68

大塚忠義 (2014)『生命保険業の健全経営戦略』日本評論社

岡田太 (2011)「連合会のガバナンス」公益財団法人生協総合研究所 生協共済研究会編『21 世紀の生協の共済に求められるもの』コープ出版 pp.19-49

金融庁 (2020)「経済価値ベースのソルベンシー規制等に関する有識者会議報告書」

厚生労働省 (2006)「共済事業に関する見直しについて」

厚生労働省 (2017)「共済事業向けの総合的な監督指針」

坂井幸二郎 (2002)『共済事業の歴史』日本共済協会

生協共済研究会 (2008)『生協の共済』コープ出版

生協共済研究会 (2011)『21 世紀の生協の共済に求められるもの』コープ出版

武田俊裕 (2019)「協同組合共済をめぐる環境変化と対応」生活協同組合研究、通巻 526 号 pp.39-46

日本共済協会編 (2019)「共済年鑑 2020 年版 (2018 年度事業概況)」

日本協同組合学会訳編（2000）『21世紀の協同組合原則』日本経済評論社

保険研究所（2019）「インシュアランス生命保険統計号令和元年版」保険研究所

堀越芳昭（1989）『協同組合資本学説の研究』日本経済評論社

米山高生（2008）「保険規制の国際動向が協同組合共済に与える影響―共済の財務健全性規制の「あるべき姿」―」日本共済協会

米山高生・山本信一・山本進（2010）「国際保険監督および国際会計基準等の最近の動向に関する研究」全労済協会

山下友信（2008）「生協法改正と共済のあり方」『生活協同組合研究』、通巻386号 pp.24-43

第3部 新たな課題へのチャレンジ

第 1 章

人生 100 年時代の新たな
生活リスクに立ち向かう

小塚　和行

1. はじめに

「人生100年時代」が到来したといわれるようになったが、長い人生を健康で自分らしく生活していくには健康の維持や生活資金の確保が欠かせない。これらの問題に意識して対応していかなければ、それは老後生活のリスクに転嫁していくことになる。

生協共済は、生協組合員（共済加入者）の生命や財産が事故、病気、災害などによって経済的損害を受けた時に、経済的な側面からそれを保障する事業である。生協共済は組合員の要望に応え手ごろな掛金で加入できる共済商品を開発し、1990年代以降に加入者を急速に拡大してきた。同時に自分の家族やくらしに合った保険・共済の選び方や保険・共済の仕組みなどについて、組合員どうしの学び合いの活動を広げ家計の見直し活動を進めてきた。

少子高齢化・人口減少が進み、人々のくらしや生き方が大きく変わろうとしている現在、生協共済に求められていることは何かを、改めて考えてみることが大事ではないだろうか。これまでの共済事業の成長期とは違う社会経済状況の下で、生協共済も新たな課題への挑戦が求められている。

本稿では、多くの人が老後の不安として挙げている、2つの生活リスク（生活資金、健康寿命）に焦点を当て、生協共済の関わりや取り組み状況を見た後、今後生協共済に期待されることは何かについて考察する。

2. 「人生100年時代」へのチャレンジ

(1) 誰も経験したことがない超高齢社会

日本の高齢者人口は3,400万人を超え高齢化率は27.3%、また100歳以上の人が8万人以上となった（**図3-1-1**）。日本は世界で一番の高齢社会になり、世界でも日本ほど高齢化の進んだ国は他にない。高齢

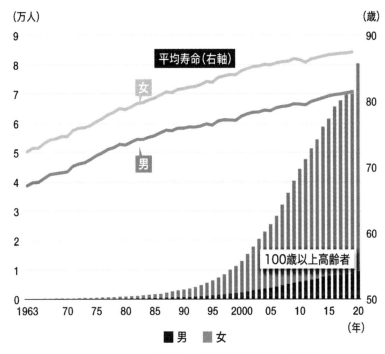

図 3-1-1　100 歳以上の高齢者と平均寿命の推移

出典：ウェブサイト nippon.com　「100 歳以上高齢者、初の 8 万人超に：88% が女性」
https://www.nippon.com/ja/japan-data/h00822/?cx_recs_click=true

化のスピードが世界で最も速いということも、日本の高齢化の大きな
特徴である (**図3-1-2**)。これまでどこの国も経験しなかった超高齢社
会を迎えるということであり、それに伴って生じる様々な課題の解決
策を世界に求めることができない、ということを意味する。したがっ
て、日本社会も、また我々一人ひとりも自ら課題解決を考えそれに立
ち向かっていく (チャレンジしていく) ことが求められる。

(2) 老後の 2 大不安は、健康とお金

　平均寿命が年々伸びて長寿の時代を享受できるようになってきた
にもかかわらず、老後の生活に対する不安が増している。60 歳以上

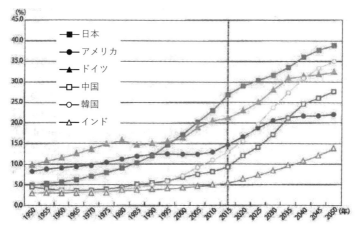

図 3-1-2　世界の高齢化率の推移と推計

出典：『東大がつくった高齢社会の教科書』（東京大学出版会、2017）　p.15　「世界の高齢化
　　率の推移と推計」
資料：UN、World Population Prospects:The 2015 Revesion より。ただし日本は、2010 年までは
　　総務省「国勢調査」、2015 年以降は国立社会保障・人口問題研究所「日本の将来推計人口（平
　　成 24 年 1 月推計）」の出生中位・死亡中位仮定による推計結果

の男女を対象にした調査では、将来の不安として「自分や配偶者の健
康や病気のこと」が 67.6％と最も高く、次いで「自分や配偶者が寝た
きりや身体が不自由になり介護が必要な状態となること」59.9％、「生
活のための収入のこと」33.7％となっている。老後の生活を考えた時、
健康とお金が 2 大不安要素となっている（図 3-1-3）。

3. 老後の生活資金の確保

(1) 老後資金 2000 万円不足問題

　日本は 1990 年代まで経済成長と人口増を基盤に、勤労者は定期昇
給、退職金制度、社会保障制度（年金）によって、老後生活の経済的基
盤がある程度保障されてきた。そのため、老後の生活資金について不
安を感じることもなかった。しかし、これからは年金と退職金だけで

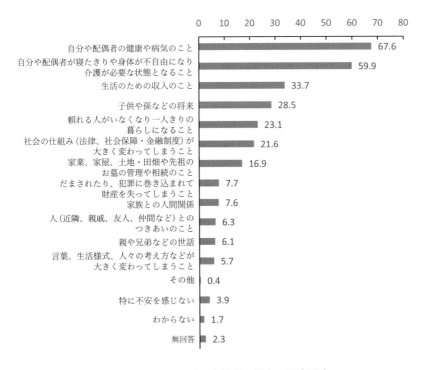

図 3-1-3　高齢者の将来の不安理由

出典：『東大がつくった高齢社会の教科書』（東京大学出版会、2017）　p.33「高齢者の将来の
　　　不安理由」
資料：内閣府「高齢者の日常生活に関する意識調査」　2014 年

老後生活の必要資金をカバーすることが難しいといわれるようになっ
た。

　2019 年 6 月、金融庁の市場ワーキング・グループが発表した報告
書（「高齢社会における資産形成・管理」）[1] は、「老後資金 2000 万円不足問題」
としてマスコミが大きく取り上げ、社会的な反響を呼んだ。報告書に
は次のように記載されている。「夫 65 歳以上、妻 60 歳以上の夫婦の
みの無職世帯では毎月の不足額の平均は約 5 万円であり、まだ 20 〜
30 年の人生があるとすれば、不足額の総額は単純計算で 1,300 万〜

表3-1-1 老後の必要生活費とゆとりある生活費（夫婦1か月あたり）

（万円）

	2001年	02年	03年	04年	05年	06年	07年	08年	09年	10年	11年	12年
老後の必要生活費	24.8	26.7	24.3	25.6	25.6	26.3	24.4	27.3	26.5	25.5	26.0	—
老後のゆとりのある生活費	37.3	39.0	32.6	37.9	—	—	34.4	—	33.7	36.6	—	36.6

出典：『東大がつくった高齢社会の教科書』（東京大学出版会、2017） p.33 「高齢者の将来の不安理由」
資料：労働研究所「旬刊福利厚生」No.2113（2012年10月上旬号）より

2,000万円になる」。その後に「この金額はあくまで平均の不足額から導き出したものであり、不足額は各々の収入・支出の状況やライフスタイル等によって大きく異なる」と書かれている。

　この報告書の大事な点は、一つは長く生きることに応じて老後資金の準備が必要であり、資産寿命を延ばすことが必要になること、二つ目は老後の生活において、公的年金以外で賄わなければならない金額を試算してみること、を提起したという点である。報告書は老後の必要生活費の月平均支出は26万円としているが、「ゆとりある生活費」としては36万円が必要という調査データもあり（**表3-1-1**）、老後生活を自分らしく豊かに生活していこうと考えるならば、生活資金の確保は、多くの人々にとって避けて通れない課題となってきている。

(2) 資産形成は必要だと思うが難しい

　全国の20代～50代の働く男女を対象にした調査では、「老後2000万円問題の概要を知っていますか？」という問いに、約7割が「はい」と回答している。この約7割の回答者に「老後資金2,000万円問題について自分ごとだと感じましたか？」と尋ねると、約8割が「そう感じる」と答えており、資産形成の必要性を感じる人は着実に増えている[2]。一方で、資産形成の必要性を感じない人にその理由を聴いたところ、60代以降では「節約すればいいと思うから」「預貯金と公的年金で暮らしていけるから」「リスクを取りたくない」「そもそも資産形成について考えたことがない」などの回答が際立った[3]。「老後資金2000万円問題」を聞いて「意識や行動の変化はなかった」と答えた人は、「老

後資金のことを考える金銭的余裕、時間的余裕がないから」「不安や焦りが生まれたが、何をしたらいいのか分からないから」という回答が多かった[4]。

　老後の生活に向け資産形成が必要だと感じている一方で、「金銭的余裕や時間的余裕がない」「何をしたらいいかわからない」などの理由で、実際には行動に踏み出せていない人が少なくない。

　投資・資産運用に対してハードルが高いと感じることはなにかという質問に対し、「損をした時に怖い」39.6%、「高額投資」24.3%、「難しい知識が必要」19.7%、「初期費用が必要」15.2%、などが挙げられている。また、リスクが低いと思っているのにやらない理由は、1位が「やり方がわからない」31.7%、2位が「判断基準が分からない」22.6%、で多くの人が投資についてよくわからないと回答している[5]。

　必要だと思うが行動に踏み出せない要因として日本人の金融リテラシーが低い（金融教育が重視されてこなかった）ことが指摘されている[6]。確かに、投資や金融商品、資産運用などの知識は重要だが、大事なことは何かをきっかけに実際に資産運用を始めてみることではないだろうか。小さな経験を積み重ねながら、時には失敗も経験しながら実践の中で学んでいくことである。

(3) 生協のライフプランニング活動への期待

①保障の見直し活動

　こくみん共済 coop〈全労済〉による生活保障設計運動は1980年に[7]、CO・OP共済（コープ共済連）によるライフプランニング活動は1994年に[8]始まった。これらの活動は組合員（加入者）の保障設計の考え方に大きな影響を与えてきた。

　当時のわが国の生命保険業界は世界的にも特殊な状況にあり、生命保険への世帯加入率は95.0%（1994年）にも達していた。世帯の普通死亡保険金額のピークは1994年で4,635万円もあった。多くの家庭がバブル経済崩壊後の反動に苦しんでいたこともあり、生活保障設計運

動やライフプランニング活動で推進した「生命保険の見直し」は、組合員の関心を呼び生命保険を見直して家計を楽にしようという取り組みが広がった。

　コープ共済連のライフプランニング活動を例に、その特徴および銀行や保険会社のライフプランとの違いをまとめてみると、次のような点が挙げられる。第一に、組合員自身が自らの問題として保険・共済の仕組みやくらしに必要な保障の選択などを学んできたこと。生協はそのための各種学習会、講演会、個人など、多様なメニューを企画し実施してきた。第二は、学習活動や知識習得に終わらせず、実際に家庭の保障の見直しをするための個人相談会を開催してきたこと。そのことにより、家計の負担を軽減するという成果を実感することができた。第三は、活動推進の担い手として、組合員の中から「生協LPA（ライフプランアドバイザー）」を養成してきたこと[9]。加入推進（営業活動）だけにこだわるのではなく、くらしに必要な保障の考え方や保険商品の仕組みを学ぶことも重視してきた。「保険・共済は難しいもの」「保険会社の営業職員に任せておけばいい」と考えていたことを、自分たち自身で考え保険や共済を選択できる力を身に付けてきた。

②ライフプランニング活動の新たな課題

　老後生活に向け資産形成が必要だと感じているが、実際には行動に踏み出せていない人が多いことを確認してきた。資産形成や資産管理は「難しいこと」「よくわからない」と考えている人たちが、実際にそれに取り組めるようになるために生協にできることは何だろうか。

　これまでの保障の見直し活動の経験を、老後の生活設計（ライフプランニング）と資産形成に生かしていくことが考えられるのではないだろうか。老後のライフプランニングと資産形成・資産運用については、ライフプランニング活動のテーマとして学習会や講演会などの組合員の学習活動が各生協で広がりつつある。それをさらに進めて、実際の行動につなげていくためのポイントを、いくつか挙げてみたい。第一

に組合員の資産運用・投資などについての学びの場を広げていくこと。かつて、保険は難しい、生命保険の営業社員に頼り切り、という状態から、保障の学習活動を通じて組合員自身が自分に合った保険や共済を選ぶ力を身に付けるようになってきた。資産運用や投資も同様に、「難しい問題」だからと敬遠するのではなく、資産形成、資産管理、投資とリスクなどを学び、自分の知識を広げていくこと、生協がその学びの場を広げていくことである。第二に、学習や知識の習得で終わらせずに、具体的な行動に移していくこと（具体的な資産運用をやってみること）である。そのためには一人ひとりに寄り添った相談・アドバイスを行うことが求められる。第三には、その相談やアドバイスを行う体制を整えていくことである。保障の見直し活動では、生協のライフプランアドバイザーの養成と専門家の協力体制を作って進めてきた。資産運用についても同様に金融知識と経験をもった生協のアドバイザーの育成と生協の取り組みに理解と協力をしていただける専門家の支援体制（ネットワーク）を作っていくことである。

4.　健康寿命を延ばす

(1) 健康寿命と平均寿命の差

　日本は、平均寿命や高齢化率では世界でトップクラスの長寿国になったが、「健康上の問題で日常生活が制限されることなく生活できる期間」（WHO 定義）である「健康寿命」は、男性が 72.7 歳、女性が 75.4 歳で、平均寿命とはそれぞれ約 9 歳、約 12 歳の差がある（松村、2020、図 3-1-4）。内閣府の調査 (2015) では、一人暮らしの高齢者の生活の不安で一番多かったのが「健康や病気のこと (58.9%)」、次いで「寝たきりや身体が不自由になり介護が必要な状態になること (42.6%)」と健康や介護について不安に思っている人の割合が高い。老後をより豊かに生きていくために、健康寿命をいかに延ばしていくかが大きなテーマとなっている。

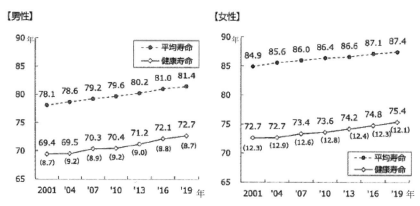

注：（　）内の数値は、平均寿命と健康寿命の差。
資料：2016年までの健康寿命は厚生労働省資料より。2019年健康寿命は厚生労働省「2019年簡易
　　生命表」と「2019年国民生活基礎調査」を使って、厚生労働科学研究「健康寿命における将来予
　　測と生活習慣病対策の費用対効果に関する研究」による計算法で筆者が計算した概算値である。

図3-1-4　平均寿命と健康寿命の推移

(2) 地域生協の健康づくりの取り組み

　コープ共済連は、2017年度から社会貢献活動として「健康づくり支
援企画」をスタートさせた。この企画は「高齢化の進むなか元気な高
齢者の活躍できる地域をつくっていくために、地域生協による中高年
層を中心とした健康づくりの取り組みを広めていく」ことを目的とし、
各地の地域生協による健康づくりの取り組みに対し、支援金を助成し
ている。2019年度は、47生協の51企画に1億6千万円の支援を行っ
ている[10]。支援を受けた取り組みの中から、北海道の「地域まるごと
元気アッププログラム「まる元」」と青森県の「あおもりまるごと健康
チャレンジ」を取り上げ、支援金の活用内容と共済の関わり方を見て
いくこととする。

①地域まるごと元気アッププログラム「まる元」

　北海道では、高齢者の運動機能向上、認知機能低下予防の実践プロ
グラムを通して、地域医療費・介護保険料の上昇を抑え、高齢者の「元

気」による活動量の増加を経済効果につなげようという「地域まるご
と元気アッププログラム（まる元）」が広がっている[11]。2017 年度 21 市
町村で導入された「まる元」運動教室は、2019 年度は 23 市町村に広が
り、登録者も 1,450 名まで増えた。

　「まる元」運動教室は、体力別に分けられた 3 クラスを毎週 1 回 60
分の運動プログラムで構成している。体力の低い A クラスは、膝や
腰の痛みなどにより杖歩行が必要だったり、立ち座りに不安があった
りする方に向けて、椅子に座ったままで実施できる種目を中心とする
運動としている。日常生活は不安なく過ごせていても膝や腰に不安が
ある方向けの B クラスは、椅子に座ったままで行える運動や足踏み
運動やレクリエーション運動を実施している。C クラスは比較的体力
のある方に現在の体力をできるだけ維持し、いつまでも元気で過ごせ
るような種目を実施している。基本的なプログラムは、自治体の保健
師による血圧測定などでその日の体調を把握し、運動が実施できるこ
とを確認した後に、①準備体操、②軽体操、③休憩、④主運動、⑤休
憩、⑥レクリエーションまたは軽体操、⑦整理体操の順で構成されて
いる。運動プログラムの安全性を高めるとともに、成果を評価してプ
ログラムの再構築を図るため、定期的に体力測定を実施している。運
動教室に参加した方の体力測定をしたところ、体力維持または向上し
た結果が確認されている（上田、2017）。

　「まる元」運動教室は、自治体からの委託を受けて特定非営利活動
法人ソーシャルビジネス推進センター（CSP）、生活協同組合コープさっ
ぽろ（コープさっぽろ）、北翔大学の三者が連携して推進するソーシャル
ビジネスとしての高齢者介護予防事業である（図 3-1-5）。コープさっ
ぽろは、健康運動指導士を雇用・育成して CSP に出向させる人材の
インキュベーション（育成支援）の役割を担っている。この費用にコー
プ共済連からの「健康づくり」支援助成が活用されている。

　こうしたコープさっぽろのソーシャルビジネス[12]への関わりにつ
いて、相内（2020）は、ソーシャルビジネスは「事業を通してコミュニティ

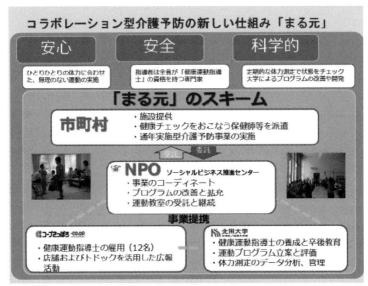

図 3-1-5　「まる元」のスキーム

がどのように活性化できたか、人々の「信頼」や「ネットワーク」やお
互いに助け合おうとする互酬性の「規範」がどのくらい回復され、強
化されたのかというアウトカム（アウトプットが社会に及ぼした効果）に着
目」することが重要であり、「ソーシャルキャピタル[13]がどのように
回復、強化できるかが、事業のミッションとされている」と述べ、コー
プさっぽろが、この「まる元」というソーシャルビジネスの事業ミッ
ションを、「ソーシャルキャピタルの回復を通して北海道における健
康格差を解消すること」としたことを評価している。

　②あおもりまるごと健康チャレンジ
　青森県では、短命県全国1位の返上をめざした健康増進のプロジェ
クトが進められている。その中核になっているのが弘前大学 COI
（Center Of Innovation）である。弘前大学 COI は、弘前市岩木地区で住民
の協力を得て16年にわたり、身体と健康に関わる約2,000項目に及ぶ

ビッグデータを収集し疾病や健康状態との関係を研究してきた。「COI
は研究の成果を社会実装（事業化）することで、短命県返上のための社
会変容とヒトの行動変容につなげる社会イノベーションの取り組みで
ある。社会変容には企業を巻き込んだ経済活動の活性化が不可欠とな
る」（村下、2016）として、産学官民が連携した推進体制を構築している
のが、大きな特徴である（図3-1-6）。

　生協では、青森県生活協同組合連合会（青森県生協連）が中心となっ
て、地域生協、医療生協など県内13生協（組合員数62万人、県内人口比
約49％）が一丸となって、「あおもりまるごと健康チャレンジ」という
取り組みを進めている（図3-1-7）。「健康チャレンジ」は、「運動や食生活、
禁煙など、自分で取り組める生活習慣目標を決め、誰でも簡単にでき
る3カ月間の健康づくりを推進することで、県民の健康意識の向上を
図り短命県返上に寄与する」ことを目的に掲げ、運動や食生活、禁煙
など8つのチャレンジコースから、自分で取り組める生活習慣目標を
決めて30日間取り組もうという運動である。

　「健康チャレンジ」を軸に健康づくり活動を県内全域に広げていく
ことをめざし、①地元大学や学校・自治体・諸団体と連携を年々強め
ている、②県医師会健やか力推進センター・弘前大学COIとの連携
で「生協健やか隊員」「ヘルスサポーター（大学生）」養成のしくみを構
築し、測定できるスタッフを養成している。③生協版QOL健診「測
る・知る・変える」の体験の場を店舗や組合員活動の場面で広げてい
る。④「食と健康」をテーマに東北女子大学（現・柴田学園大学）と連携
し、公開講座の開催や、「食生活自己チェック表」などの行動支援ツー
ルを開発しているなど、取り組みの基盤づくりを重視していることが
特徴である。また、弘前大学COIと生協が共同で、生協での買物デー
タ、店頭での健診データを収集分析し、バランスの取れた食生活の提
案を含む健康づくりプログラムの開発が進められている。こうした青
森県生協連の健康づくり活動にコープ共済連の「健康づくり支援企画」
からの助成が活用されている。

図 3-1-6　弘前大学 COI 拠点のオープンイノベーション推進体制

出典：弘前大学 COI　https://coi.hirosaki-u.ac.jp/outline_c/

5.　生活リスクに立ち向かうために——生協共済に期待されること

　ここまで老後の生活資金の確保および健康寿命の延伸について、生協共済の関わりを見てきた。老後の生活資金の確保、言い換えると老後のライフプランニングと資産形成・資産運用について、ライフプランニング活動のテーマとして学習会や講演会などの組合員の学習活動が各生協で広がりつつある。一方、健康寿命の延伸、健康づくりに関わる取り組みは全国の生協に広がり、その取り組みに共済の「健康づくり支援企画」の助成金が活用されていることを見てきた。

　生活資金確保も健康づくりも、多くの人が頭でその必要性・重要性

図 3-1-7　健康チャレンジ　8つのチャレンジコース

出典：青森県生協連「あおもりまるごと健康チャレンジ 2020」パンフレット

はわかっているが、実際に行動を起こすことはなかなか容易ではない。特に中高年になると、一歩を踏み出すこと、また継続していくことが難しい。

　「まる元」や「あおもり健康チャレンジ」の取り組みでは、地域の人々の「行動変容」につなげていくことを重視し、そのためのプログラムにもとづいて進められている。第一には、地域の人々が健康づくりを「自分事」として受け止めるとともに、日常の生活習慣、食生活や運動などが体の健康状態や病気とどのように関わっているかをしっかり理解できるような、学習活動を行っている。第二には、誰でもが気軽に楽しく体を動かし、その積み重ねの成果が見えるよう工夫がされている。第三には、研究者、医療関係者、栄養士などの専門家の協力と

ともに、地域の人々の身近なところでアドバイスしたり手助けをしたりする「サポーター」養成を進めている。

　生協は、「安心してくらし続けられる地域社会」づくりをめざし、「地域の課題解決に取り組む」ことを掲げている（日本の生協の 2030 年ビジョン）。老後の生活資金確保も健康寿命の延伸も、多くの人々が不安を感じ関心を寄せている地域の課題となっている。生協共済としては、各地の生協への助成金の提供にとどまらず、問題解決への取り組みがどのように進められているかを把握し、さらにはそれを後押しし全国に広げていく取り組みを進めていくことが期待される。老後の生活資金確保・資産運用の課題については、これまでのライフプランニング活動での経験と健康づくりの取り組みを参考に、組合員自身の活動として展開されていくことを期待したい。

注

1　金融審議会 市場ワーキング・グループ報告書「高齢社会における資産形成・管理」　https://www.fsa.go.jp/singi/singi_kinyu/tosin/20190603/01.pdf

2　ファイナンシャルアカデミー 「令和元年の個人のお金に関する意識調査」　https://magazine.aruhi-corp.co.jp/0000-2802/

3　QUICK 資産運用研究所「個人の資産形成に関する意識調査」2019.1
https://moneyworld.jp/news/05_00021537_news

4　QUICK 資産運用研究所「個人の資産形成に関する意識調査」2019.1
https://moneyworld.jp/news/05_00021271_news

5　グローバル・ロイズ株式会社『老後の備えに関するアンケート調査』
https://global-lloyds.co.jp/

6　金融広報中央委員会「しるぽると」『金融リテラシー調査　2019』
https://www.shiruporuto.jp/public/data/survey/literacy_chosa/2019/

7　こくみん共済 coop〈全労済〉　生活保障設計運動
https://www.zenrosai.coop/web/ayumi/sp/products.php

8　CO・OP 共済　ライフプランニング活動の歩み
http://coopkyosai.coop/about/lpa/history.html

9　小塚和行「くらしに関する保障を学び合う」『生活協同組合研究』
2016.9,Vol.488, pp.27-31

10　支援金は CO・OP 共済事業の毎年の剰余金から積み立てた「加入者貢献積立金」が原資となっている。2017 年度は 2 億 400 万円、2018 年度は 2 億 4,700 万円の支援をおこなっている。

11　地域まるごと元気アッププログラム（「まる元」HP）
https://www.maru-gen.com/marugen/

12　ソーシャルビジネスは、貧困や環境問題などの社会課題の解決を目指して行うビジネスのこと。ソーシャルビジネスという言葉を初めて使ったバングラデシュのムハマド・ユヌス博士は、ソーシャルビジネスの特徴を、以下の 3 つだととらえている。
　　①なんらかの社会問題の解決を目的とする事業であること
　　②ビジネスの手法を用い、自立的・持続的であること
　　③利益は投資家への配当ではなく、社員の福利厚生や自社への再投資にまわすこと

13　ソーシャルキャピタル：信頼や規範、ネットワークなど、社会や地域コミュニティにおける人々の相互関係や結びつきを支える仕組に着目した考え方。「社会的資本」「社会関係資本」と訳されている。

参考文献

相内俊一 (2020)「ソーシャルビジネスのインパクト―行政と生協に与える変化」『生活協同組合研究』2020.11　Vol.538, pp.14-22.

上田知行 (2017)「ソーシャルビジネスによる高齢者の健康増進プログラム「まる元」」『生活協同組合研究』2017.9　Vol.500, pp.22-29.

内閣府 (2015)「平成 27 年度一人暮らし高齢者に関する意識調査」

松村容子 (2020)「2019 年健康寿命はさらに延伸」ニッセイ基礎研究所

村下公一 (2016)「健康ビッグデータ解析による健康寿命延伸と幸福度向上を目指して」『情報管理』2016.1　Vol.58,No.10,pp.728-736.

東京大学高齢社会総合研究機構 (2017)『東大がつくった高齢社会の教科書』東京大学出版会

第 2 章

人生 100 年時代のライフ プランニング活動・生活 保障設計運動

藤川　太

1. 人生 100 年時代を迎え変化する家計設計

「人生 100 年時代」という言葉が登場し、わが国の家計の変化が加速し始めた。人生 100 年時代はベストセラーとなったロンドンビジネス・スクール教授のリンダ・グラットン氏らの著作「LIFE SHIFT」で紹介されたものだ。

昔に比べ人生が長くなっているのは事実であり、人生設計を行う上で考慮すべき変化ではある。私がファイナンシャルプランナーになった 1990 年代では人生は 85 歳くらいまで考えて設計することが主流だった。20 年以上経過し最近では 90 歳や 95 歳まで考えるようになってきた。このように "徐々に" 長くなると考えていたところに、いきなり人生 100 年を前提に考えることになり衝撃が走った。人生が 10 年伸びるとなると、人生設計を根本から変更しないといけなくなるからだ。

「人生 100 年時代」というキーワードは国会でも流行語のように繰り返し登場することとなり、わが国の社会保障などの政策の方向性に大きな影響を与えた。その議論の中で最も有名になったものが「老後資金 2000 万円問題」だろう。2019 年 6 月に金融庁の金融審議会・市場ワーキンググループがまとめた報告書『高齢社会における資産形成・管理』がきっかけで巻き起こった騒動である。

この報告書の中で総務省の家計調査年報のデータを根拠として「夫 65 歳以上、妻 60 歳以上の夫婦のみの無職の世帯では毎月の不足額の平均は約 5 万円であり、まだ 20 ～ 30 年の人生があるとすれば、不足額の総額は単純計算で 1,300 万円～ 2,000 万円になる。」とした部分が問題とされたのだ。

実はこの手の話はテレビや雑誌などでは使い古されたものではあるのだが、政府の報告書に登場したことで「無責任」という批判を受けることになった。公的年金だけで十分に生活ができると安心している人はほとんどいないだろう。国が認識しているのであれば、国民に努

力を求めるのではなく政治が何とかしろと言う話だ。

　自分の家計に問題が存在することは分かっているが、厳しい現実を見たくないという人は多い。そういう層に対し、この報告書は厳しい現実をつきつけてしまった。最終的には麻生財務大臣が「政府のスタンスと異なる」という理由で、報告書の受け取りを拒否するという異例の事態に発展した。

　実はこの報告書には、これからの長寿化時代の家計運営にとって有益な議論がいくつも示されている。

　1 つ目は、長く生きるほど老後資金を多く準備しなくてはならない。公的年金だけでは足りないと思うのであれば、当然のことであり目を背けてはならない問題だ。

　2 つ目は、これからはできるだけ長く働くべき時代だ。人生の最後が高齢化するのであれば、リタイアする年齢を後ろに倒していかなければ年金だけで生活する期間が長くなり、必要とする老後資金が大きくなってしまう。

　3 つ目は、ライフスタイルが多様化し、従来のモデルは当てはまりにくくなる。長寿化とともに現役時代も長くなる。一つの会社、一つの職種で働き続けられる可能性も低くなる。結婚、出産、住宅購入などのライフイベントについても多様な考え方が広がっている。

　4 つ目は、資産形成・運用の意識を高める必要がある。人生が長くなるなら、長い期間をかけて資産形成・運用することができる。生活を向上させるために実践すべき技術の一つとなっていくだろう。

　5 つ目に、高齢化とともに高齢者が所有する金融資産が増える。認知症などによって判断能力の低下した年代が多くの金融資産を持つことで、金融トラブルが増加することが予想される。事前の対策や対応が必要となる。

　といった内容は、今後のライフプランニング活動や生活保障設計運動が参考にすべき点であろう。

2. 人生100年時代は本当にやってくるのか

　2019年の平均寿命は男性が81.41歳、女性が87.45歳だった（厚生労働省「簡易生命表（令和元年）」）。戦後間もない1947年（昭和22年）の平均寿命は男性50.06歳、女性53.96歳だったので、72年間で大幅に平均寿命が延びたことが分かる。

　国立社会保障人口問題研究所による「日本の将来推計人口」を分析すると、今後も私たちの寿命は延び続け人生が長くなることが予想されている。30年後の2050年には平均寿命は男性84.02歳、女性90.40歳（死亡中位推計）と女性は90歳台に突入すると予想されている。

　当然ながら人生100年時代にいきなりなるわけではないことがわかる。ただ、今後も私たちの人生は伸び続ける。何歳まで考えるかについては議論の余地はあるものの、人生が長くなることを前提に、今後のライフプランは設計すべきだ。

3. コロナウィルスよりも恐ろしい人口の減少

　2020年に入り、コロナウィルス感染症の拡大が、世界中の社会や経済に大きな混乱をもたらした。ただ、これらの混乱はいずれ終息するだろう。終息後も新たな感染症への恐れは消えない可能性もあるが、世の中が事態に適応しつつ正常化に向かっていくだろう。

　ところが日本に住む私たちは、より逃れることが難しい大きな問題を抱えている。「少子高齢化」という問題である。この問題は数十年前から将来の問題として取り上げられてきたにもかかわらず、解消に向かうどころか深刻化し続けている。

　2020年のわが国の人口は1億2532万人と推計されている。2010年がわが国の人口のピークで1億2805万人だったので、ほんの10年間で約270万人減少したことになる。1年あたり約27万人ペースと地方の中核都市が毎年一つずつ消滅するレベルで減少している。さらに

2030年になると人口は1億1912万人（平成29年出生中位（死亡中位）推計）へと2020年からの10年間では620万人の減少と推定されている。実に1年あたり62万人の減少だ。

　これまで年27万人ペースで減少しても「人口が減った」と普段の生活の中で実感することは少なかっただろう。地方の商店街の衰退などによって実感することはあるが、近年はインバウンドと呼ばれる海外からの旅行者が急増していたため都市部や観光地ではむしろ人が増えたという印象を持っていただろう。

　ところが、世界的な感染症の拡大によってインバウンドが急減しており、これだけでも人が少なくなったと実感することが多くなっている。さらに人口減少ペースが急加速していくことで、地方を中心に人口減少によるさまざまな社会問題が深刻化していくものと予想される。

　人口が減るだけ世の中の需要が縮小していくならば、わが国の経済は縮小方向に大きな力が働くことになる。人が減るということは、単純に住む家、食べ物、衣類などが少なくて済むようになる。誰も住まない空き家が増えていく、周辺の店舗や病院などの施設がなくなる、電車やバスの本数が減らされる、といった現象が目立つようになるだろう。

4.　高齢化がもたらす社会の変化

　人口を年齢別にみるとさらなる深刻な問題が浮かび上がる。65歳以上が高齢者と定義されているが、高齢人口は今後も増え続けていくと推定されている。2010年の65歳以上の高齢者は2,924万人。2020年には3,619万人と約710万人増加している。65歳以上高齢者数のピークは2042年前後と予測されているが、その時点で3,935万人。今後も約320万人も高齢者が増え、その後、減少に転じることになる。

　全体の人口が減少している中でも高齢者は増えていく。ということは、65歳以下の人口は大幅に減少していくということでもある。15

〜64歳までのいわゆる生産年齢人口は2020年の7,405.8万人から高齢者数がピークと予想される2042年には5,805.3万人へと約1,600万人も減少すると予測されている。

　私たちの社会保障は主には私たちが働いて得た給料から納めている税金や社会保険料によって支えられている。年金や健康保険、介護保険といった社会保障の給付を主に受ける高齢者は増加し、それを支える税金や社会保険料を主に支払う現役世代が減少する。社会保障の負担と給付のバランスが大きく崩れていくことが予想される。

　このような大きな流れを変えることは容易ではない。人口構成の変化によって私たちの生活へ影響が出ると考えるべきだろう。その影響は①税金や社会保険料の負担が重くなる、②年金などの給付が削減される、③高齢者の定義が変わる、といった主に3つの形で現れるだろう。

　すでに税金や社会保険料の負担は増加傾向が続いている。2019年10月には消費税率が8%から10%に引き上げられたことは記憶に新しい。また、社会保険料率の上昇や、健康保険の高額療養費の自己負担額の引き上げなど社会保障の給付削減も続いている。この傾向はこの後も続いていくものと予想される。ただし、①負担の増加、②給付の削減は簡単だが、一方でわが国の経済にブレーキをかけてしまう。消費税率を引き上げる度に、経済が大きく減速するのは恒例行事のようになっているのはご存知の通りだ。これらは正攻法ではあるが、意外に取りにくい政策手段だ。

　そこで注目されるのが③高齢者の定義を変えることだ。「1億総活躍」「人生100年時代」といったキーワードが国会で連呼されるが、高齢になっても働く社会への転換を示唆していると考えられる。

　ほんの20年前までは「60歳まで働いて退職後の生活に入る」とライフプランを考えるのが普通だった。ところが60歳から特別支給されていた厚生年金が、2001年4月から支給開始年齢の段階的な繰り下げが始まった。年金が少なくなる、もしくはなくなると生活ができなくなる。支給開始年齢の繰り下げにより、60歳以降も働く時代が到

来した。ただ、60歳で一旦定年退職し、その後は継続雇用で働くという形態が現在でも主流だ。継続雇用となると定年前と同じ仕事でも給料が大幅に下がるのが一般的だ。

5.　70歳まで働く時代が到来か

　2021年4月以降は男性の厚生年金は完全に65歳からの支給となる。65歳まで年金収入がないのだから、現在では60歳で退職しようと考える人はほとんどいなくなった。年金支給開始年齢の繰り下げが始まって20年経過し、65歳まで働くのが当たり前の時代になっている。このように私たちはこの20年で働く期間が5年間長くなっていくことを経験した。これからすぐに70歳まで働くのが当たり前、75歳まで働くのが当たり前、とさらに働く期間が長くなることを経験するだろう。

　2015年の20～64歳の現役世代人口と65歳以上の高齢者人口は67.8：32.2という比率。高齢者1人を現役世代2人で支える構造だ。この比率は2045年には56.9：43.1にまで1人の高齢者を1.3人の現役世代で支える時代となる。負担の増加や給付の削減だけでバランスを取るのは難しいだろう。

　そこで、高齢者の定義を70歳からにするとどうだろう。2045年でも現役世代と高齢者の比率は65.4:34.6と概ね2:1の比率になることがわかる。さらに高齢者を75歳からにまで引き上げれば、2045年で現役世代と高齢者の比率は74.9:25.1と概ね3:1の比率となる。ここまで比率が好転するならば、負担の増加や給付の削減を避けることもできるかもしれない。

　働く期間を長くすることで、税金や社会保険料を負担する現役時代の人口を増やすことができる。一方で、年金の支給開始年齢を70歳からと繰り下げるなりすれば社会保障給付も減らすこともできるだろう。このように高齢者の定義を変えることで、社会保障の負担と給付

のバランスが取りやすくなる。

　かなり乱暴な策にも見えるが、これまでも取られてきた手法だ。戦後すぐの年金の支給開始年齢は 55 歳だったのだ。今後も政策手段として取られる可能性は高いだろう。

6.　長く働くことのライフプラン上の問題

　長く働くことは、私たちの老後の家計設計においても良い効果をもたらす。必要となる老後資金を小さくすることが可能だ。前述したように年金生活では平均的に家計は赤字になっている。年金だけで生活する期間を短くすることができれば老後資金として準備すべき貯蓄額は少なくて済むし、老後資金を蓄積する期間も長くすることが可能だ。

　とは言え、長く働くと言うのは簡単だが、実行するにはさまざまな問題があり難しい。まず 1 つ目が健康寿命の問題だ。私たちはずっと健康でいられるわけではない。高齢になるほど、病気や介護といった健康への不安は高まる。明確に健康を害していなくても、年齢とともに知力や体力の衰えは避けることができないだろう。

　健康上の問題で日常生活が制限されることなく生活できる期間のことを「健康寿命」と呼ぶ。わが国の健康寿命は男性 72.14 歳、女性 74.79 歳だ (2016 年、厚生労働省)。70 歳まで働くのが当たり前の時代となれば、退職したらすぐに健康寿命が来てしまう。これでは老後生活を楽しみにすることが難しいだろう。長く働く時代には、健康寿命を延ばす努力も同時に必要になる。

　2 つ目はキャリアプランの問題だ。20 歳前後から 60 歳まで 40 年働く時代であっても、キャリアプランは難しくなっている。一つの会社で 40 年働き続けることが難しくなっている。会社自体の存続も難しくなっているし、ビジネスの寿命も短くなっている。65 歳まで働くなら 45 年、70 歳までなら 50 年も働くことになる。これだけの期間、安定して一つの会社、一つの職種で働ける可能性はどんどん低くなる。

今後も世の中の変化は大きく、速くなるだろう。激しい変化に適応できるかどうかが問われる時代となる。

　変化する時代に適応するために企業も雇用形態を変えている。これまでの主体であった正社員は働く者にとっては安定しているが、企業にとっては変化に対応しづらい形態だ。そのため、パート、アルバイト、期間社員、契約社員、派遣社員といった非正規雇用者の割合を増やしている。総務省「労働力調査」によると非正規雇用者の比率は年々上昇しており、2019 年には非正規雇用者数は 2,165 万人（前年比＋ 45 万人）、非正規雇用者比率は 38.3％（前年比＋ 0.4％）となっている。今後も非正規雇用者数およびその比率の上昇は続くとみられている。

　非正規雇用は正規雇用に比べ賃金や待遇が悪いだけでなく、キャリア形成が難しいことも問題だ。収入が比較的低いだけでなく将来の収入の予測が立てにくいので、ライフプランは保守的に作成せざるを得ない。非正規雇用者が増えることで、結婚、出産、住宅購入といったお金がかかる前提のライフプランをあきらめる人も多くなる可能性が高い。

　いわゆる格差問題の一端がこの非正規雇用問題にあるのだが、賃金や待遇面の改善はもちろんのこと、キャリア形成についても支援していかなければこれらの問題は解消しないだろう。

7.　かつてのモデル世帯の崩壊と進む共働き化

　非正規雇用者の増加の影響もあり、わが国の平均賃金は下落傾向が続いている。国税庁の「民間給与実態統計調査」によると 2000 年の給与所得者の平均賃金は 408.2 万円だったが、2019 年には 387.9 万円と 5.0％減少した。20 年近く経過して、私たちの平均給与は上がるどころか減少している。

　一方で、私たちの生活費の傾向はどうだろう。総務省「家計調査年報」によると世帯主 40 歳から 49 歳の 2 人以上の勤労者世帯の消費支出は

2000年には月36.3万円だったが2019年には月33.4万円と約3万円(8%)減少している。この約20年間、私たちの収入も支出も減少しているのだ。

　かつてのモデル世帯といえば、専業主婦家庭で子供2人と言うパターンが多かった。2000年前後にはほぼ900万世帯同士で同数だった専業主婦世帯と共働き世帯も、2020年には専業主婦世帯は571万世帯に大幅に減少、一方で共働き世帯は1240万世帯へと大幅に増加した(総務省「労働力調査特別調査」「労働力調査」)。

　収入の減少傾向が続く中、少しでも余裕のある生活をしようと思えば、2馬力で働くのが当たり前の時代になった。収入が増加しないなら、共働きを辞めて専業主婦世帯になるという選択はリスクが高く難しいだろう。専業主婦世帯は減少傾向が続くだろう。

　共働き世帯が増えることで、全国で保育園不足が問題となっている。各自治体は保育園の整備を進めており、保育園不足問題は緩和する方向に動いているように見える。さらに2019年10月より幼児教育の無償化がスタートし、3歳以上の未就学児の保育料が原則無料となった。

　子育てしやすい環境が整いつつあるが、保育料が無償ならば、さらに共働き世帯は増えていくだろう。共働き世帯数が増え続ける限り保育園の不足傾向は続いていく。特に人手とコストがかかる3歳未満の保育の問題も深刻だ。保育園不足の問題解消にはまだまだ時間がかかるだろう。

8.　単身高齢者世帯の増加による問題

　一方で、単身者世帯の増加も加速している。1985年には単身者世帯は5世帯に1世帯であったが、現在では3世帯に1世帯にまでなっている。いまや単身世帯がモデル世帯の一つと言ってもいいシェアだ。

　その中で注目されているのが「高齢単身者世帯」の増加だ。単身者と言っても未婚というケースだけではない。離婚して単身者というケースもあるし、配偶者と死別した場合も単身者世帯とな

る。65歳以上の高齢単身者世帯は2020年には13.4％のシェアだが、2035年には15.7％、7世帯に1世帯にまで増加すると予想されている（国立社会保障人口問題研究所「日本の世帯数の将来推計（全国推計）（2013年1月推計）」）。

　高齢単身者世帯が増加すると、さまざまな問題が深刻化する。分かりやすい例では「孤独死」の増加だ。身寄りのない高齢者も増えている。病気になるだけでなく、介護が必要になった場合、誰にも相談できない。日々大きな不安の中で生活することになる。

　また、高齢期になると知力、体力が衰えていく。そのため、自動車を運転して移動することも難しくなる。日々の買い物や病院に行くこともできなくなり、孤立していくことになる。いわゆる「買い物難民」「買い物弱者」ともいわれる問題だ。

9. ライフプランニング活動や生活保障設計運動のできること

　当然ながら、これまでもこうした社会変化は起こってきたし、変化に適応して生活をしてきた。ところが、今後私たちが経験するのは、急速で大きな社会変化だ。こうした変化に対しライフプランニング活動や生活保障設計運動によって何ができるのだろうか。その役割を考えてみたい。

(1) ライフプランニング活動や生活保障設計運動の役割

　1980年にスタートした、こくみん共済coopの生活保障設計運動や、1994年にスタートしたコープ共済連のライフプランニング活動は、私たちの保障設計の考え方に大きな影響を与えてきた。

　その当時のわが国の生命保険業界は世界的にも特殊な状況にあった。生命保険への世帯加入率は95.0％（1994年）にも達していた。私もちょうどこの頃就職したが、就職直後に何人もの生命保険会社の営業レディから勧誘を受け、保険の必要性もわからないまま加入し

た。社会人であれば、生命保険に加入するのは当たり前とも言われた世の中だった。ちなみに、2018年には世帯加入率は88.7％まで低下している。世帯の普通死亡保険金額のピークはやはり1994年で4,635万円もあった。その後、ずっと減少傾向が続いており、2018年には2,255万円にまで減少している。

　この減少傾向は世帯の払込保険料からも見えてくる。払込保険料のピークは1997年。世帯で年間67.6万円も払っていた。月あたり5.6万円。平均でこれだけの保険料を家計から支払っていたのだ。現在では想像もつかない金額が家計の固定費となっていた。この世帯の払込保険料も減少傾向を続けており2018年には38.2万円にまで減少している。ただ、これでも月3.2万円であり、まだまだ家計への負担は重い（生命保険文化センター「生命保険に関する全国実態調査」）。このように保険市場はすでに飽和状態であり、今後も縮小を続けていくものとみられる。

　1990年代はバブル経済崩壊後の反動に苦しんでいた。1997年に家計の収入はピークを迎えたが、その後減少傾向に転じ家計には無駄な生命保険料を支払う余裕がなくなった。あまり深く考えず勧められるがまま生命保険に加入するのが当たり前の時代は終わった。生活保障設計運動やライフプランニング活動で推進した「生命保険の見直し」は時代の流れに合致しブーム化した。生命保険を見直して家計を楽にしよう、というシンプルなメッセージが、生命保険業界をも大きく変える原動力となった。

　生命保険の見直しと言っても、すべて解約してしまうことではない。「ムリ（無理）・ムダ（無駄）・ムラ（斑）」を無くすことだ。無理やり営業を受け、必要のない保障に加入していたし、保障の高額すぎ、いくつも重なっている保障もあった。だからこそ、家族に必要な保障を見極め、シンプルに効率よく、低コストで確保することを目指した。

(2) 消費者を教育して育てる共済

　生活保障設計運動やライフプランニング活動では、生活保障プランナーやライフプランアドバイザー（LPA）という独自学習プログラムを開発し資格取得を勧めている。全国の意識の高い組合員や職員を中心に資格取得をしている。コープ共済連の LPA は組合員、職員あわせ累計 4,508 人にまで達している（2019 年度）。

　事業者と消費者との間には、知識や経験の格差が当然にして存在する。一般の事業者の多くは、こうしたギャップを利用し消費者よりも優位に立ち営業し利益を上げる。

　ところが、生協共済では、資格取得した組合員や職員が学習会の講師を務めるなど、他の組合員に知識を広げたり、アドバイスを行う。事業者である生協共済が、消費者である組合員に正しい保障設計や商品選択の方法を教育し、教育を受けた者が他の組合員に知識を広めているのだ。これは事業者と消費者との間の知識や経験のギャップを埋める活動であり、事業者と消費者が対等な立場として事業を進めることを目指している。加えて、知識や経験を積んだ組合員からの声を吸い上げて事業活動に活かしていることも注目すべきだろう。

　これらは一般事業者では考えにくい活動だ。生活保障設計運動やライフプランニング活動はまさに生協共済らしい活動であり、民間の保険会社では実現できない仕組みと言っていいだろう。

(3) 生協共済を守るのは共済らしさ

　保障商品として共済を見ると、保障内容や掛け金の水準は一般の生命保険との差がなくなりつつある。もはや保障商品としては、共済は保険と区別された別の業界とは言い難い。そうした背景もあり、在日米国商工会議所は、わが国の保険市場において、保険と共済との間に平等な競争環境を確立することを求めてきている。生協共済は厚生労働省監督下であるが、保険と同じく金融庁監督下に置くことなどが要求のポイントだ。

　今後生協共済を待ち受けるのは、こうした外国からの圧力だけでない。保険会社は飽和し縮小を続ける市場を再び活性化すべく、新しいテクノロジーを取り込んでいる。新しい取引形態を開発したり、リスク区分の細分化を進め新しい保険市場を作り出そうとしている。保険会社間だけでなく、生協共済との間でも競争優位を作り出すべくしのぎを削っている。

　このような競争の中、生協共済はどのように生き残っていくのだろうか。保険会社と正面からぶつかり合い、新しい技術や商品で勝負するのだろうか。思い出して欲しい。生協共済は民間保険会社では真似のできない仕組みを作り上げてきた。生活保障設計運動やライフプランニング活動こそ生協共済らしさであり、民間の保険会社との差別化できる要素だ。

　ところが、かつての「ムリ・ムダ・ムラ」の解消を中心とした生命保険の見直しに対するニーズは、社会の変化とともに減少を続けている。これから予想される新しい社会変化に活動を適応させていく必要があるが、社会に役に立つ不可欠な存在として定着してこそ、厳しい事業環境の中でも生協共済を守る切り札となるだろう。

　①保障不足の解消に対する取り組み

　「ムリ・ムダ・ムラ」の解消により家計の固定費を削減する活動が成果をあげ、世帯の払込保険料も大幅な減少をした。マクロで見ると効率よく保険加入した人が増えたように見える。一方で保障不足の家庭が増加する問題が大きくなっている。分かりやすい例で言うと、結婚して子供も生まれたのに保険に加入していない、という家庭が増えているのだ。

　かつて、保険業界が抱えていた過剰保障問題は、国内生保の営業体制に原因があった。各職場に営業職員が出入りし、社員に声をかけ次々と保険契約を獲得していった。保険会社が多くの企業の主要株主であったため、営業職員の出入りを認め成立した「職域営業」という

営業方式だ。

　保険に興味のない、必要性を感じない人でも、勧められるがまま加入するため過剰保障が常態化した。ところが、2000 年前後から職域営業は縮小を始めた。株式の持ち合い解消や、個人情報や企業秘密の保護が進んだため、部外者である保険会社の営業職員は職場に出入りすることができなくなった。いまの 20 代、30 代には職域営業の経験を持つ者はほとんどいなくなった。

　その結果、保険との出会いの場がなくなり、保険に加入しないまま、保障が不足したまま生活している人が増えている。普通に生活していれば、保険の必要性は感じない。むしろ、保険料なんか払う余裕はない、と加入には後ろ向きだろう。多くの人にとって、あまり望んでいなかった機会でもあっただろうが、保険との出会いと言う意味では職域営業は一定の役割を果たしていたのだ。

　保障が足りなければ、万が一のときに本人や家族が経済的に困ってしまう。生協だからこそ、こうした困る人を一人でも少なくするために行動すべきだ。

　まず、保障について相談しやすい環境を作ることだ。生命保険文化センターの「生命保険に関する全国実態調査」によると、保険への加入理由は「営業職員の人が親身になって説明してくれた」「営業職員の人にすすめられた」が 1 位、2 位を占めている。インターネット全盛の時代だが、職域営業全盛の時代と変わっていない。人と人との出会いやつながりによって、保険や共済に加入しようという動機が作られている。

　人と人とのつながりは本来生協の強みであるはずだ。保障の話に限らず組合員との接触機会を多くすること。そして、同時に保障について気軽に勉強したり相談できる場を用意しておくことが大切だ。

　②女性と子供に対する取り組み
　若者を中心とした保障不足の解消には、子供に対する保障に対する

取り組みも重要になる。生協共済は民間保険に比べ、子供向け保障に強みを発揮している。子供向け保障に加入したくて生協共済を知ったという人も多い。また、大学には大学生協の共済もあり、多くの学生が加入している。

　これらの子供や学生向けの保障期間を延長したり、大人向けの保障にスムーズに移行できれば無保障者を大きく減らすことができる。同時に子供向け共済への加入者を増やす取り組みも忘れてはならない。生協共済にとっても加入者数の安定や、高年齢化が問題になっている加入者の年齢構成も若年齢化できる施策だ。

　また、働く女性に対する取り組みも重要だ。これまでは男性中心に保障を確保する傾向が強かったため、保障不足の問題は女性の方がより深刻だ。働く女性は家計にも貢献しており、経済的なリスクは高く保障を確保する必要性が高い。

　専業主婦であれば、比較的生協活動に参加しやすく、生協共済との接触機会も多くなるかもしれない。一方で、働く女性は、意識の高い人であっても平日の日中の活動にはほぼ参加できないだろう。共働き世帯が増えていく中、従来と同じ取り組みだけでは働く女性にリーチすることは難しいだろう。

　これまで通りのリアルな勉強会や交流の場とともに、インターネットサービスを活用し24時間どこからでも参加できる場を作ることも進めたい。SNSを活用すれば会員同士が情報発信し交流する場を作ることは容易にできるようになった。生活の不安をつぶやきあい、情報交換し、生活をよくするヒントを得る。共済に加入することで安心を得るだけでなく、生活を向上させることができる。そういう場ができれば、働く女性も参加しやすいはずだ。

③高齢者に対する取り組み

　民間の保険会社は年齢ごとの保険料が一般的だ。一方で、生協共済は主に一定年齢帯に対する一律掛け金が特徴だ。この分かりやすさが

生協共済の成長の一因となっている。

　一方で、高年齢になるほど医療や死亡リスクは高くなる。そのため、一律掛け金の制度は高齢になるほど割安感が高く、若年齢層ほど割高感が出てしまう。このことが、加入者の年齢構成を高年齢化させてきたことは否定できない。

　これから迎える長く働く時代では、65 歳どころか 70 歳、75 歳まで働く人が増えていくだろう。その中で、現状の生協共済では 60 歳以上、65 歳以上になると保障が小さくなる設計となっていることが多い。高齢とは言えまだ現役で働いている人にとって、安心できる保障ではなくなるだろう。より高年齢期まで手厚く保障でき、掛け金も手ごろな商品に進化させていくことが求められる。

　また、今後も高齢単身者の増加傾向は続いていく。生協共済としての保障事業だけではなく、生協店舗や宅配事業、介護事業、医療事業などと連携し生協の総合力で取り組むことで、高齢者が安心して生活できる社会を作っていくことはできるだろう。

④「心」と「体」の健康を向上させる取り組み

　生活保障設計運動やライフプランニング活動は「ライフプラン」が原点となっている。ライフプランの原点は「心」「体」「経済」の 3 つの K を健康に保つことだ。これまでの活動は「経済」の健康に偏っていた。これまでは保障設計が中心だったが、過保障問題はすっかり下火となってしまった。それにつれ、活動に対する求心力が弱まり、同時に社会に対する影響力も小さくなってしまった。

　それぞれの運動や活動の目的を再定義すべき時期に来ている。もちろん「経済」への取り組みは引き続き重要だ。そこに「心」と「体」の健康への取り組みを組み合わせることで、真の意味でライフプランニングを追求することだ。保障の見直しや家計の見直しは、私たちの生活を向上させる一つの技法でしかない。

　「心」と「体」の健康を向上させる取り組みとしてはコープ共済連が

2017年度から取り組んでいる「健康づくり支援企画」が一つのモデルとなるだろう。健康づくり支援企画は「食生活」「運動」「社会参加」の3つの主要テーマで、生協だけではなく他団体と連携協力しながら取り組んでいる。取り組みをはじめて3年が経過し、各分野で成果が出始めている。活動が長期に継続できれば、さまざまな知見を共有できるようになるだろう。

　こうした活動は、現役層だけでなく高齢者にも有効だ。心と体の健康を保つことができれば、より長く働くこともできるようになるだろう。また、健康寿命を延ばすことができれば、退職後の生活も十分に楽しむことができるだろう。生協共済にとっても、加入者の健康が増進すれば、掛け金の低廉化や高年齢帯への保障の拡大の余地につながることも言及しておきたい。

　このように生協共済にはまだまだできることが多い。また、生協共済だからこそできることも多い。社会変化をリスクではなくチャンスととらえ、これまで以上に生協共済が私たちの生活になくてはならない存在となって欲しい。

参考文献

国立社会保障人口問題研究所 (2017)「日本の世帯数の将来推計」
厚生労働省 (2019)「簡易生命表 (令和元年)」
生命保険文化センター (2018)「生命保険に関する全国実態調査」
総務省「労働力調査特別調査」
総務省「労働力調査」

第3章

インシュアテックと共済事業

崔　桓碩

1. はじめに

　1990年代からのコンピューター、ICTによる生産の自動化、効率化に代表される第3次産業革命に続いて、21世紀前半にはデジタル革命を通じた第4次産業革命時代が訪れるという意見が多い。デジタル革命とは、人工知能（Artificial Intelligence、AI）、ブロックチェーン（Blockchain）、モノのインターネット（Internet of Things、IoT）、ロボット工学、ナノ・バイオテクノロジーなどの多岐にわたる分野において新しい技術革新が行われることを意味する。第4次産業革命が起きると人類は今まで経験したことのない社会構造の変革を迎えると言われている。

　このような背景の中で、金融分野においては「フィンテック（FinTech）」、保険分野においては「インシュアテック（InsurTech）」という用語が話題になっている。これらの技術も現在の金融・保険サービスを大きく変えられるものとして認識されている。たとえば、フィンテックおよびインシュアテックを活用することにより、金融・保険業界における業務の効率化・高度化の達成、そして今までは存在していなかった新しい金融・保険会社の誕生などといった既存の業界の生態系を大きく変えることである。

　このような時代の流れにおいて、共済事業も例外ではない。第4次産業革命の波は共済事業にも及ぶものであり、それを組合員の利便性を高めるために、どのように受け入れるのかが今後の事業を継続していく中で重要なカギとなるのは確かである。

　本章では、フィンテックとインシュアテックとは具体的に何を指しているのか、共済事業もインシュアテックに取り組む必要はあるのか、どのように対応すればいいのかについて、近年において頻繁に使われているフィンテックとインシュアテックの概念と現状について調べ、既存の保険会社の事例を参考にしながら考察する。

2. 第4次産業革命とフィンテック

(1) フィンテックの概念

デジタル革命を大前提としている第4次産業革命は、人工知能 (AI)、ブロックチェーン、モノのインターネット (IoT)、ロボット工学、ナノ・バイオテクノロジー、自動運転車などの多岐にわたる分野においての新しい技術革新を特徴としており、社会構造を大きく変革するものと言われている。

その中で、フィンテック (FinTech) とは、金融 (Finance) と情報処理技術 (Technology) を融合した造語であり、IoT、ビッグデータ、AI、ブロックチェーンなどの技術を活用した新しい金融サービスを意味する。

(2) フィンテックの由来と発展プロセス

フィンテックという言葉は 1972 年頃から初めて使われているが、現在のように頻繁に使われるようになったのは 10 年くらい前からである[1]。

また、フィンテックは IT 技術の発展とともに進化している[2]。**表 3-3-1** をみると、初期段階としての「フィンテック 1.0」は、主に金融機関が新たな IT を活用し、金融サービスの効率化や高度化を進める段階である。

「フィンテック 2.0」になると、たとえば今まで銀行によって提供されてきた金融サービスが何らかのフィンテック企業によって代替されるなど、新たな IT 技術を活用してそれまで一体として提供されていた金融機能を分解する動きが見られる。この現象を金融ビジネスのアンバンドリングと呼び、これは金融機関の収益機会の喪失につながる。したがって、金融業界におけるフィンテック企業の登場は、新しい市場参入者でもあり、金融機関にとっては破壊者 (ディスラプター) ともなりうる。

「フィンテック 3.0」では、フィンテック 2.0 においてアンバンドリ

表 3-3-1　フィンテックの発展プロセス

	フィンテック 1.0	フィンテック 2.0	フィンテック 3.0	フィンテック 4.0
キーコンセプト	IT による効率化	金融ビジネスのアンバンドリング	API エコシステム	リバンドリング
キープレーヤー	既存金融機関 IT ベンダー	フィンテックスタートアップ	大手およびスタートアップ	非金融機関を含む多様なプレーヤー
概要	既存の金融サービスを IT で効率化	他の領域の新規技術を金融領域に適用し、アンバンドリングを目指す	アンバンドリングされた金融プロセスの標準 API 化が進み、サービス革新が起きる	アンバンドリングされた金融サービスが再統合
キーテクノロジー		スマートデバイスクラウドライフログ（ビッグデータ）	API AI（人工知能） ブロックチェーン	IoT

（出典）柏木（2016）、p.79。

ングされた機能を API（Application Programming Interface）、AI、ブロックチェーンの技術により組み合わせることで、既存の金融機関に匹敵する新しい金融サービスが生み出されている。

　最後の「フィンテック 4.0」では、フィンテック 2.0 でアンバンドリングされた金融サービスが、フィンテック 3.0 の API により組み合わされ、さらにその API をつなぎ合わせることで金融機関以外の企業も新たな金融サービスを提供できることになる。

3.　インシュアテックの概念と事例

(1) インシュアテックの概念

　インシュアテック（InsurTech）とは 保険（Insurance）と情報処理技術（Technology）を融合した造語であり、フィンテックの一部分として認識されている。IoT、ビッグデータ、AI、ブロックチェーンのような技術を保険に適用し、保険会社のバリューチェーンの効率化、革新的なサービスの提供などを目指している。以下では保険分野において IoT、ビッグデータ、AI、ブロックチェーンの技術がどのように活用され

ているのかについて確認する。

(2) インシュアテックの事例

　保険に IoT、ビッグデータ、AI、ブロックチェーンのような技術が適用された一例としては、たとえば**表3-3-2**のようなものがある。

表3-3-2　インシュアテックが業務に活用される一例

・AI エンジンを積んだ対面営業支援システムを活用し、営業職員の実績を向上
・働き方改革に AI・ビッグデータ活用、従業員1300人のコミュニケーションを「見える化」
・AI を活用した保険証券の自動読み取りシステムで代理店の保険募集を効率化
・RPA（ロボティクス・プロセス・オートメーション）を活用し、事務処理を自動化
・B3i（ブロックチェーン保険イニシアティブ）を組織し、自然災害を対象とする再保険取引で、業界共通のプラットフォーム構築の可能性を追求

(出典)『東洋経済臨時増刊(生保・損保特集)』各年度版。

　以下ではインシュアテックを構成する各技術について確認する。

① IoT とインシュアテック

　IoT とは、様々なモノがインターネットに接続され、情報交換することにより相互に制御する仕組みである。インシュアテックにおいては、自動車、建物、身体などにセンサーが付いた機器を装着し、それを通じて収集したデータを分析することにより、消費者のリスクをより正確に把握することができる。また、そのデータを利用して商品開発および保険料の割引などに活用している。IoT を活用している代表的な例として、生命保険会社においては「健康増進型保険」があり、損害保険会社においては「テレマティクス保険」がある。

ⅰ) 健康増進型保険

　健康増進型保険は、保険会社が契約者の運動習慣、食生活、定期健

診などのような健康活動に関する情報をウエアラブル機器を通じて収集し、保険料の割引やキャッシュバックのようなインセンティブを提供する保険である。事例として国内生命保険会社が販売している健康増進型保険の種類をまとめたのが**表3-3-3**である。

表3-3-3　生命保険会社が提供する健康増進型保険の例

会社	商品名	割引判定基準	割引方法
日本生命	みらいのカタチ	健康診断の受診、専用アプリの利用などでマイルが貯まる	マイル付与
第一生命	ジャスト	契約時に健康診断結果を提出	保険料割引
明治安田生命	ベストスタイル	毎年健康診断結果等を提出	キャッシュバック
住友生命	バイタリティ	毎年健康診断結果等を提出、日々の運動習慣等	保険料割引
東京海上日動あんしん生命	あるく保険	平均歩数で割引（1日8,000歩以上）	キャッシュバック
アフラック	健康応援医療保険	毎年健康診断結果を提出	キャッシュバック

(出典)各社のホームページおよび『東洋経済臨時増刊(生保・損保特集)』各年度版を基に作成。

ⅱ)テレマティクス保険

　テレマティクス保険は、テレマティクス技術[3]を活用し、ナビゲーションのような運転情報を記録する装置から運転者の運転習慣を分析し、安全運転をしている顧客に対して保険料を割り引く自動車保険である。

②ビッグデータとインシュアテック

　IoTの進展のみならず、SNSのようなオンライン活動、情報のデジタル化により大量のデータが生成されており、このようなビッグデータを正確に分析して、適切に活用することが重要である。インシュア

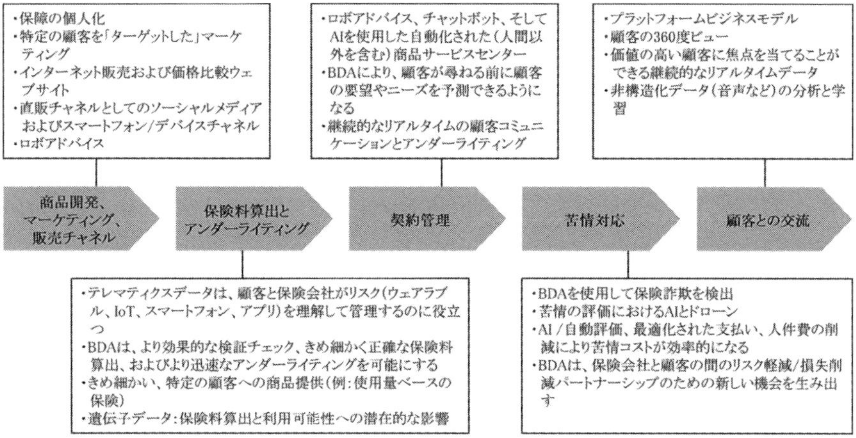

・保障の個人化
・特定の顧客を「ターゲットした」マーケティング
・インターネット販売および価格比較ウェブサイト
・直販チャネルとしてのソーシャルメディアおよびスマートフォン/デバイスチャネル
・ロボアドバイス

・ロボアドバイス、チャットボット、そしてAIを使用した自動化された（人間以外を含む）商品サービスセンター
・BDAにより、顧客が尋ねる前に顧客の要望やニーズを予測できるようになる
・継続的なリアルタイムの顧客コミュニケーションとアンダーライティング

・プラットフォームビジネスモデル
・顧客の360度ビュー
・価値の高い顧客に焦点を当てることができる継続的なリアルタイムデータ
・非構造化データ（音声など）の分析と学習

商品開発、マーケティング、販売チャネル　→　保険料算出とアンダーライティング　→　契約管理　→　苦情対応　→　顧客との交流

・テレマティクスデータは、顧客と保険会社がリスク（ウェアラブル、IoT、スマートフォン、アプリ）を理解して管理するのに役立
・BDAは、より効果的な検証チェック、きめ細かく正確な保険料算出、およびより迅速なアンダーライティングを可能にする
・きめ細かい、特定の顧客への商品提供（例：使用量ベースの保険）
・遺伝子データ：保険料算出と利用可能性への潜在的な影響

・BDAを使用して保険詐欺を検出
・苦情の評価におけるAIとドローン
・AI／自動評価、最適化された支払い、人件費の削減により苦情コストが効率的になる
・BDAは、保険会社と顧客の間のリスク軽減/損失削減パートナーシップのための新しい機会を生み出す

図3-3-1　保険会社のバリューチェーンにおけるビッグデータ分析の活用

(注) BDA は Big Data Analysis の頭文字。
(出典) IAIS（2020）、p.14。

テックにおけるビッグデータ分析は、保険会社のバリューチェーン全体に及んでいる。たとえば、**図3-3-1**は保険会社のバリューチェーンにおけるビッグデータ分析の活用場面である。

　今後の保険ビジネスのポイントとしては、顧客相談資料、医療、信用情報などの多様な(Variety)大量の(Volume)データを迅速に(Velocity)収集・分析し、事故発生リスク、契約維持率、保険詐欺の可能性などを予測し、これらを商品開発、マーケティング、リスクマネジメントに活用することである。

③ AI とインシュアテック

　AI とは、言語の理解や推論、問題解決などの知的行動を人間の代わりにコンピューターが行うことを指している。インシュアテックにおいては、人間の学習能力と推論能力などを応用してロボットが消費者に保険相談、事務処理などのようなサービスを提供することをいう。たとえば、チャットボットを利用して消費者の問い合わせを分析し、

1対1のチャット方式で対応することなどである。実際に、IBMが開発した質問応答システム・意思決定支援システムの「ワトソン」が広く使われている。

　さらには、保険証券の発行、顧客情報の入力などの単純業務についてロボットを活用した業務の自動化(Robotic Process Automation、RPA)なども AI を活用した一例である。

　④ブロックチェーンとインシュアテック

　ブロックチェーンは、取引情報を暗号化したり、分散して保存したりする技術であり、新しい取引が発生したとき、すべての情報が関係者にすぐ反映されるため、情報の整合性と取引における保安性が高いと言われている。また、現在は1つのシステムに集中して金融サービスが行われているが、ブロックチェーンでは中心となるシステムがなく、当事者同士がつながっている形態になっているため、脱中心化ができるということも重要視されている。

　インシュアテックにおいては、保険金請求のときの本人確認、保険証券の偽造確認などの様々な業務に活用されている。その他に、ブロックチェーンを活用して、既存の保険事業とは異なる P2P 保険という新しい形態の保険ビジネスが誕生している。

4. インシュアテックを活用したＰ２Ｐ保険会社の誕生

　上記で取り上げたインシュアテックの事例は主に保険会社の業務の効率化および高度化をメインとするものである。ところが、インシュアテックの領域の中でも加入者同士でグループを作って保険に加入する P2P (Peer to Peer、ピア・トゥ・ピア) 保険があり、今後従来型の保険ビジネスモデルを大きく変える革新的な技術として評価されている。

(1) P2P 保険の仕組み

　図 3-3-2 のように既存のネットワークは、クライアントサーバ型ネットワークで、中央にあるサーバとクライアントは 1 対 1 の通信を行うのが特徴である。その反面、P2P 型ネットワークは、コンピューター同士が対等に通信を行うのが特徴である。

　これを保険事業に適用すると、クライアントサーバ型ネットワークは既存の保険会社のことで、中央のサーバの役割が保険者であり、クライアントは保険消費者になる。すなわち、消費者と保険会社が 1 対 1 の関係で結びついている。P2P 型ネットワークでは、加入者同士がグループを作ってお互いの情報を共有することになる。

　以上をまとめると、P2P 保険とは、保険の加入者同士が少人数のグループをつくり、加入者が払う保険料の一部をプールし、少額の保険請求があった場合にはその中から保険金を支払い、プールを超えた分については外部の引受または再保険会社から支払う仕組みの保険サービスのことを指す。

(2) P2P 保険の種類と事例

　P2P 保険の中でも誰がリスクを引き受けるのか、また発生したリス

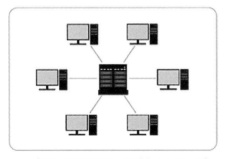

〈クライアントサーバ型ネットワーク〉

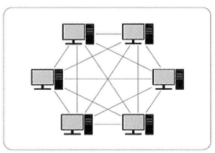

〈P2P 型ネットワーク〉

図 3-3-2　クライアントサーバ型ネットワークと P2P 型ネットワークの比較

クを加入者同士でどの程度共有するのかによって、ブローカー型、キャリア型（元受会社型）、相互救済制度型に区分することができる。まずブローカー型は、既存の保険会社の保険商品に対し、ブローカーがP2P保険の仕組みを使って運用する方式である。たとえば、ドイツのフレンドシュアランス（Friendsurance）やフランスのインスピア（InsPeer）がある。次にキャリア型は、ブローカーではなく保険会社がP2P保険の仕組みを適用して運営する方式である。たとえば、米国のレモネード（Lemonade）や日本のjustInCaseがある。最後に相互救済制度型は、発生したリスクに対し、プラットフォーム提供者へリスク移転をせずに、加入者同士で直接リスク分担を行う運営方式である。たとえば、米国のチームブレラ（Teambrella）がある[4]。

　以下では、実際にこのP2P型ネットワークを使って保険ビジネスを行っている国内外の事例として、ドイツのフレンドシュアランス、米国のレモネード、日本のjustInCaseについて調べる。参考までに、これらの3社はスタートアップ企業[5]である。

①フレンドシュアランス

　フレンドシュアランスは、2010年にドイツで設立された保険ブローカーであり、契約者が知人またはフレンドシュアランスが仲介する他人と作った最大10名のグループに対し、P2Pの家財保険や自動車保険、個人賠償責任保険、弁護士保険等を販売している。フレンドシュアランスは世界で初めてP2P保険を販売開始したことでも有名である。

　保険の仕組みとしては、グループの各メンバーが支払った保険料はグループ単位でまとめてプールされ、少額の損害についてはプールされた金額の範囲内で保険金の支払いが行われる。プールされた金額を超過する損害が発生した場合には、引受保険会社が支払うことになっている。

　特徴として、グループの保険料は前年度の保険金支払い実績により決まっており、また保険金が支払われる際、誰がいくら保険金を請求

したのかをグループのメンバー全員がウェブ上で確認できるように
なっているため、事故等のリスクの低下および保険金の不正請求のよ
うなモラルハザードを防止する効果もあると言われている。

　さらに、フレンドシュアランスの設立者は、会社の設立目標として、
「相互扶助」のシステムを最新の技術を利用して再創造し、保険を再
び社会的で公平かつリーズナブルなものにすることにあるとしてい
る[6]。

②レモネード

　レモネードは、2015年に米国ニューヨーク州で設立された保険会
社であり、スタートアップ企業でもある。フレンドシュアランスのよ
うにインシュアテックとして設立されたスタートアップ企業の多くは
仲介業務が多い反面、レモネードは自社の保険商品を販売している保
険会社という点で、他のP2P保険会社とは異なる特徴がある。

　米国ニューヨーク州に住む賃貸人や物件オーナーに対し、家財道具
に対する保険を提供しており、最近はペット保険も販売している。ア
プリを利用して簡単に加入と請求ができる。

　保険の仕組みとしては、グループごとにプールされた保険料から保
険金を支払い、超過する場合は、出再している再保険会社が支払うこ
とになっている。

　特徴として、レモネードは加入者が支払う保険料の一律20％を手
数料として受け取ることで利益を上げている。また、支払った保険料
のうち、請求がなかった余剰金をチャリティに寄付するシステムに
なっている[7]。

　レモネードは、「相互扶助」という保険本来の目的をテクノロジー
によって取り戻した新しいビジネスモデルであると評価されている[8]。

③justInCase

justInCaseは2016年12月に設立された保険会社である。2018年3

月にシェアリングエコノミーの思想を保険に応用した「スマホ保険」
を販売することによって開業し、少額短期保険業者として登録してい
る。2019 年には系列会社となる justInCaseTechnologies を設立し、保険
API を開発した。これを通じて、第一生命を代理店として justInCase
の保険を販売している。

　また、2019 年 7 月 5 日には保険分野では初めてサンドボックス認
定を取得し、2020 年から日本初の P2P 保険である「わりかん保険(が
ん保険)」を販売している。最近はその他にも「コロナ助け合い保険」「歩
くとおトク保険」を開発・販売するなど商品種類を拡大している。

　これらの商品のうち、わりかん保険は加入する際の保険料は 0 円で、
保険料は毎月後払いになっている点が既存の保険商品と大きく異なっ
ている特徴である。万が一の時には、保険金として一律 80 万円が支
給される。たとえば、保険契約者数 1 万人の中でがんになった人の 1
人に対し、80 万円の保険金を支払った場合、この保険金を残りの保
険契約者数で割って、30％の管理費を足した金額が後払いの保険料と
なる。すなわち、この例では、80 万円 /（1 万人－ 1 人）＋ 30％＝ 115 円
が翌月の保険料になる [9]。さらに、年齢に応じて保険料支払いの上限
額が設定されており、契約者の保険料の負担を一定水準に収めている
ことも特徴といえる。たとえば、20 歳から 39 歳までの契約者の上限
額は 500 円、40 歳から 54 歳までの契約者の上限額は 990 円、55 歳か
ら 74 歳までの契約者の上限額は 3,190 円となっている。

　その他に、ホームページ上に保険契約者数の内訳と毎月の契約者の
年齢区分による保険料が公表されており、価格の透明性が高いことも
特徴としていえる [10]。

　さらに、justInCase の設立者は、「本来、人が生まれながらに持って
いる、人を「助けたい」「助けられたい」という精神を保険体験によっ
て達成するのが、「わりかん保険」である」と説明している [11]。

5. 共済事業におけるインシュアテック

本節では、上述したインシュアテックの特徴に基づき、今後、インシュアテックの発展が保険業界および共済業界にどのような影響を及ぼすのか、また共済事業はインシュアテックをどのように活用する必要があるのかについて考察したい。

まず、インシュアテックの発展が保険業界に及ぼす影響について、保険監督者の国際機関であり、国際保険監督基準の策定等を行う保険監督者国際機構 (International Association of Insurance Supervisors、IAIS) は、2017年に発表した「保険業界におけるフィンテックの発展」というレポートの中で、**表3-3-4**のように3つのシナリオを予測している。

この3つのシナリオは2節で確認したフィンテックの発展プロセスとも深い関連性をもっており、キーコンセプトとして、「ITによる効率化→金融ビジネスのアンバンドリング→APIエコシステム→リバンドリング」の順で発展していくとされている。これをIAISの3つのシナリオに適用すると、シナリオ1がITによる効率化の段階、シナリオ2が保険ビジネスのアンバンドリングの段階、シナリオ2からシナリオ3への移行がAPIエコシステムの段階、シナリオ3がリバンドリングの段階であるといえる。

すなわち、フィンテックが金融業界に与える影響とインシュアテックが保険業界に与える影響は同一視することができる。その中で重要なことは、巨大なテクノロジー企業の登場は既存の金融業界並びに保険業界の生態系を完全に変えることができることである。たとえば、米国の主要IT企業であるGAFAs (Google、Amazon、Facebook、Apple) などのような企業が保険会社より顧客の信頼を獲得し、保険を代替することもできると予想されている[12]。

保険業界を巡るこのような状況は共済事業にも例外ではない。既存の市場において強力な新しい競争相手の登場は共済事業のマーケットシェアをさらに低くする可能性が高いため、適切に対応していく必要

表 3-3-4　インシュアテックの発展が保険業界に影響を及ぼす3つのシナリオ

シナリオ1	**・保険ビジネスの各機能が既存の保険会社に残存する** 　保険のバリューチェーンは既存の(再)保険会社に残る。製品開発、流通、保険引受、契約の管理、および顧客との相互作用は、保険会社の判断により社内で行うか、またはアウトソーシングする。顧客の観点からは、保険会社は引き続き主要な保険提供者である。このシナリオは、従来の保険会社とは関係のないインシュアテックのスタートアップ企業の参入に対する自然、社会、規制、または資本の障壁の結果である可能性がある。買収、企業ベンチャー、または社内のイノベーションイニシアチブを通じて、従来の保険会社は消費者の最前線にとどまることができる。
シナリオ2	**・保険ビジネスの各機能が分解され、保険会社はリスクの引き受け等に専念する** 　専門のテクノロジー企業は顧客との関係構築に成功し、保険は様々なサービスの一部分にすぎないと認識される。複数のプラットフォーム・顧客インタラクションポイントにわたる高度なデータ分析は、顧客インターフェーステクノロジー企業によって実行され、保険会社はリスクの引受けに集中する。保険会社は引き続き究極のリスクキャリアであるが、多くの商品が段々限界に達していき、ホワイトラベル化されるため、顧客は自分の保険会社が誰なのかをもはや知ることがなくなっていく(または気にかけない)可能性がある。
シナリオ3	**・既存の保険会社が退出する** 　大手テクノロジー企業が保険要素をシームレスに統合する製品を提供し、それによって保険のバリューチェーン全体を獲得する。保険料は、他のサービスに組み込まれたり、または消費者のライフスタイルパッケージの一部として組み込まれたりする。高度なデータ分析とインターネットに接続されたデバイスの普及により、大手テクノロジー企業は保険金の請求を予防するより効果的な対策を開発することができ、それにより、費用の削減が可能となり、従来の保険会社よりも競争力を高めることができる。

(出典) IAIS (2017)、pp.22-26。

がある。

　次に、共済事業はインシュアテックをどのように活用する必要があるのかについて考察する。以上で確認したインシュアテックの特徴は3つある。1つは、ビッグデータと AI を活用した保険契約および損害査定の簡素化、契約管理の自動化などのように、デジタル化による営業の効率化および高度化である。2つは、健康増進型保険、テレマティ

①デジタル化による業務の効率化・高度化
　(保険契約および損害査定の簡素化、
　　契約管理の自動化など)
②新しい保険商品の開発
　(健康増進型保険、テレマティクス保険)

 既存の保険・共済が対応可能な領域

③新しい保険会社の出現
　(新しい保険商品も含む、P2P保険会社)

 新しい市場参入者　(競争相手)

図3-3-3　インシュアテックの特徴

クス保険のように IoT とビッグデータを活用した新しい保険商品の開
発である。3つは、P2P 保険会社のようにブロックチェーンを活用し
た新しい保険会社の出現である。

　図3-3-3 で示したように、この3つの特徴の内、①デジタル化によ
る業務の効率化および高度化と②新しい保険商品の開発については、
既存の保険会社および共済団体が対応可能な領域であり、残りの③新
しい保険会社の出現については、保険・共済市場における新しい市場
参入者、すなわち、競争相手になることを意味する。

　保険会社の場合は、インシュアテックについて積極的に対応してい
るが、共済団体はどのように対応すべきなのか。1つの手がかりとし
て、2017年イギリスのロンドンで開催された ICMIF 総会の内容を取
り上げたい。そのときの総会テーマは、「新しい時代に求められる新
しい保険のかたちを作る(リ・デザイン)ために協同組合 / 相互扶助の
保険組織がどのように強力な役割を果たすべきかを考え、全面的かつ
明確な理解を目指す」ことであった。

　保険をリ・デザインする方法として、①事業戦略と組織文化にイノ
ベーション(新しい考え)を根付かせる、②新興リスクをグローバルな
レベルで理解し、リスク管理をローカルに行う、③社会・経済・テク
ノロジーの各分野で広がる新たな可能性と規制圧力強化の間でうまく
バランスを取る、④将来を担う若手リーダーに活躍の場を与える、⑤
協同組合／相互扶助の保険組織分野の評判を強化し、社会経済上の位
置付けを確実なものにするため、分野に対する外部の認識を変える、

ことであった。③の目標でも確認できるようにテクノロジーの重要性について強調しており、今後、IT 技術、AI などが組織に大きな影響を与えるだろうと共通認識していた。

さらに、P2P 保険会社のような保険産業における新しい競争相手の登場とそれらのスタートアップ企業との連携の重要性について取り上げられた。その内容をまとめると、今後、協同組合／相互扶助の保険組織は、スタートアップ企業との業務連携が重要であり、それを通じて新たなイノベーションを実現しなければならないということであった。

このスタートアップ企業との業務連携について、すでに保険会社はインシュアテック企業およびテクノロジー系のスタートアップ企業と積極的に業務提携を行っている。たとえば、第一生命イノベーションラボ東京は 2018 年 7 月 24 日にベンチャーキャピタルの WiL と業務提携を発表している。東京海上ホールディングスは、保険金支払いの迅速化など AI を活用した損害サービスの高度化のために、米国のメトロマイルと業務提携している。SOMPO ホールディングスは、2016 年 4 月に東京とシリコンバレーに SOMPO デジタルラボを開設し、オンデマンド保険を展開する米国の Trov（トロブ）と業務提携を行い、デジタル家電向けなどのオンデマンド保険開発を目指している[13]。

特に P2P 保険会社はビジネスを行うに当たって「相互扶助」および「助け合い」の精神を前面に出しており、共済事業と設立理念が共通している。その中で、共済事業は P2P 保険会社とどう向き合うのかが今後の重要なポイントとなりうる。

6.　おわりに

業務のデジタル化は、イノベーションを起こす可能性が高いという観点から、産業を問わず喫緊の課題である。また、金融業界においてはフィンテックが、保険業界においてはインシュアテックが、近年に

おいて大きな話題となっている。

　本章ではインシュアテックについて調べ、共済事業はインシュアテックをどのように活用し、インシュアテックを駆使している P2P 保険会社にどのように対応すべきなのかについて考察した。その際、既存の保険会社の現状を事例と共に確認した。既存の保険会社は、ビッグデータと AI を活用して業務の効率化および高度化を図っており、IoT とビッグデータを活用して健康増進型保険、またはテレマティクス保険のような新しい保険商品を開発・販売している。そして、ブロックチェーンを活用した P2P 保険会社と積極的に業務提携を行っている。

　共済事業においても、インシュアテックを活用した業務の効率化および高度化は必要不可欠なことである。また、組合員のニーズに合う商品開発は、保険会社および P2P 保険会社との差別化を図ることができるという観点から、今後さらに重要になると考えられる。

　その他に、P2P 保険会社との関係も今後のビジネスに大きな影響を与えると考えられる。P2P 保険は保険会社より保険料が低廉な少額保険であり、共済事業においては強力な競争相手になりうる。その P2P 保険会社と競争的な構図を作るのか、それともウィンウィンにできる関係を構築するのかにより今後の共済事業に大きな変化が訪れると考えられる。

注

1　「フィンテック」という単語が使われた最も古い例は、1972 年の雑誌にあるアメリカの銀行の副頭取がこの言葉を使ったことがあると言われている（柏木 (2016)、p.34）。

2　フィンテックの発展過程については柏木 (2016) を参照している。

3　テレマティクス技術とは、通信 (Telecommunication) と情報科学 (Informatics) を融合した造語で、スマートフォンのような通信機器を通じて走行情報などを共有・分析することをいう。

4　吉澤 (2019)、pp.80-89。

5　スタートアップ企業とは、新たなビジネスモデルを開発する起業で、

186　第 3 部　新たな課題へのチャレンジ

市場を開拓する段階にあるもの。一般的に、創業から 2 〜 3 年程度の
起業を指すことが多い。最近は日本でもよく用いられる用語であるが、
米国の IT 関連企業が集まるシリコンバレーにてよく使われる言葉であ
る。スタートアップ企業はインターネット関連企業に多い傾向がある。

6　牛窪 (2018)、p.8。

7　保険加入時に自分の関心があるコーズ (社会的課題：たとえば貧困支
援、女性支援など) を選択、保険が未請求だった際の保険料をそのテー
マに関連するチャリティに寄付する。同じテーマを選択した加入者は、
バーチャル上の "peer (仲間)" となり、同じコーズを支援する同志として、
できる限り保険の請求が発生しないようにお互いを支援しあうことで、
より多くの寄付ができるようになる。

8　加藤 (2016)

9　justInCase ホームページ上の例を引用。

10　2020 年 11 月 27 日 (金) 現在、justInCase ホームページに公表されてい
る契約者の内訳は、20 〜 39 歳が 1,561 名、40 〜 54 歳が 1,191 名、55 〜
74 歳が 234 名で、合計 2,986 名となっている。そして、2020 年 11 月基
準の契約者の保険料は 20 〜 39 歳が 0 円、40 〜 54 歳が 990 円、55 〜 74
歳が 0 円となっている。

11　justInCase ホームページ。

12　IAIS (2017)、pp.26-30。

13　東洋経済新報社 (2018)、p.76。

参考文献

井上俊剛 (2018)「Fintech 革命が保険監督、保険業界に与える影響」『保険
学雑誌』第 640 号、pp.1-34。

牛窪賢一 (2018)「インシュアテックの進展—P2P 保険の事例を中心に—」
『損保総研レポート』第 124 号、pp.1-29。

加藤 佑 (2016)「InsurTech for Good。チャリティに寄付できる P2P 保
険、Lemonade とは？」『IDEAS FOR GOOD』(http://ideasforgood.
jp/2016/11/28/lemonade/) 2016 年 11 月 28 日記事 (2020 年 11 月 27 日閲覧)。

柏木亮二 (2016)『FinTech　フィンテック』日本経済新聞出版社。

KPMG (2019)『インシュアテック 2019 年　10 のトレンド』(https://home.
kpmg/jp/ja/home/insights/2019/07/insurtech-10-trends.html)

根本篤司 (2020)「インシュアテックと保険規制のあり方」『保険学雑誌』第
648 号、pp.35-51。

東洋経済新報社 (2017)「生保・損保特集 2017 年版」『週刊東洋経済臨時増刊』第 6751 号、2017 年 10 月 4 日発行。

東洋経済新報社 (2018)「生保・損保特集 2018 年版」『週刊東洋経済臨時増刊』第 6816 号、2018 年 10 月 3 日発行。

東洋経済新報社 (2019)「生保・損保特集 2019 年版」『週刊東洋経済臨時増刊』第 6881 号、2019 年 10 月 2 日発行。

東洋経済新報社 (2020)「生保・損保特集 2020 年版」『週刊東洋経済臨時増刊』第 6953 号、2020 年 11 月 4 日発行。

吉澤卓哉 (2019)「P2P 保険の「保険」該当性」『保険学雑誌』第 644 号、pp.77-106。

IAIS (2017) "FinTech Developments in the Insurance Industry".

IAIS (2020) "Issues Paper on the Use of Big Data Analytics in Insurance".

Friendsurance (https://www.friendsurance.com/)

Lemonade (https://www.lemonade.com/)

justInCase (https://justincase.jp/)

第4章

マイクロインシュアランス
普及の現状と課題

根本　篤司

1. 序

　マクロ的な視点に立てば、労働者・生活者の生計や健康にかかるリスクは、経済成長で吸収するとともに社会保障の両輪で対処するべきであろう。しかしながら、人口に占める低所得者層・極貧層の割合が大きく、社会保障の不十分な新興国では、マイクロインシュアランス（microinsurance）に経済的保障の達成を依拠することは少なくない。アジア、アフリカ、ラテンアメリカ・カリブ地域の多くの新興国でマイクロインシュアランスの活用が見られる。

　しかしながら、潜在的な保険需要に基づく市場の収益性を指摘されながらも、マイクロインシュアランスの活用は低所得者層・極貧層の一部をカバーする程度にとどまっている。新興国におけるマイクロインシュアランスの普及は喫緊の課題である。

　ところで、マイクロインシュアランスに係る理論的・実証的な研究成果は枚挙に暇がない。IAIS（2007）の刊行を機に、マイクロインシュアランスの学術的関心は一層引き上げられ、研究成果の蓄積は進んでいる。なかでも Biener and Martin（2012）のレビューは、これまでの先行研究を網羅的に分析し、マイクロインシュアランスの課題を俯瞰的に眺めている。また、国内外のシンクタンクを中心にマイクロインシュアランスの動向にかかる調査が継続的に行われており[1]、保険業界からも高い関心が窺える。

　そこで本章は、直近の調査結果および研究成果をベースに、マイクロインシュアランス普及の現状と課題について体系的に整理し、国内保険会社あるいは共済組織のマイクロインシュアランスとの係わりについて、そのあり方を探ることを目的とする。

　次節は、新興地域におけるマイクロインシュアランスの発展過程を概観し、保険との類似点及び相違点について確認する。続いて3節では、3つの地域におけるマイクロインシュアランス市場の近年の動向から地域間の市場の特性を把握し、その上で4節ではマイクロイン

シュアランスの普及を妨げる要因について考察する。最後に、マイクロインシュアランスの普及を後押しする国内保険会社・共済組織の活動の方向性について考察する。

2. 保険とマイクロインシュアランス

(1) マイクロインシュアランスの展開

　マイクロインシュアランスは少額の保険料負担で少額の保険給付を提供するリスク・プーリング、すなわち危険団体の中でリスク分散を可能にする制度であり、インフォーマルな経済活動[2]で生計を支える低所得者層・極貧層の労働者・生活者の経済的保障の達成を目的としている。現在、アジア・オセアニア地域、アフリカ地域、ラテンアメリカ・カリブ地域の新興国を中心に、生活上のリスクをヘッジする医療保険・傷害保険や、低所得者の生計を安定的にし、経済的な自立を促すための信用生命保険、また天候デリバティブの仕組みをもつ農業保険などのマイクロインシュアランスが展開されている。

　このようなマイクロインシュアランスは4つの経路から発展したとされる[3]。すなわち①協同組合運動の推進、②リスク・プーリング機構への加入、③マイクロファイナンス・スキーム(小口金融)における信用生命保険への強制加入、④保険会社の市場参入である。

　①協同組合運動の推進は、長年に渡る協同組合による低所得者・貧困者への保障スキームの提供機会がマイクロインシュアランス登場後にその普及を後押しする役割を果たした。②リスク・プーリング機構加入の経路は、政府の社会保障が不十分なインフォーマル・セクターの生活者に対して、非政府組織(NGO)や国際労働機関(ILO)といった国際組織がリスク・プーリング機構の設置・運営を政府に働きかけ、マイクロインシュアランスの開始につながった。インド政府による医療保険スキームの設置・運営はその一例である。また保険料の全額あるいは大部分を政府が拠出し、リスク引受けを保険会社あるいは保険

会社形態ではない組織のリスクキャリアが行うソーシャル・マイクロインシュアランスを導入した例もある。③については、バングラデシュのグラミン銀行（Grameen Bank）が提供するマイクロクレジット（小口融資）事業が著名な事例である。小口融資を受ける際に加入する信用生命保険（マイクロインシュアランス）は、保険事故の発生時の保険金支払いによって保険加入者（債務者）に資力を付与し、債務者の担保に代えることができる。生活水準の安定・向上を図るためのマイクロファイナンス・スキームの中で、貸倒れリスクの大きい債務者への与信を補う信用生命保険の効用が注目され、それがマイクロインシュアランス市場の拡大につながった。④保険会社の市場参入は、市場の潜在的な収益性に着目した保険会社の企業戦略がマイクロインシュアランスの普及を推し進めている。保険会社の参入には、低所得者層が加入できるような保険商品の設計だけではなく、保険制度の長期的な持続を可能とするための制度設計が重要である。なぜなら長期保険を扱う生命保険会社が破綻する場合に、低所得者層・極貧層の生活者の生計を改善する計画が中断される恐れがあるためである。

(2) 保険とマイクロインシュアランス

　マイクロインシュアランスの経営についていえば、保険会社がマイクロインシュアランス商品を販売・管理する市場（商業）ベースのものと、保険会社やリスクキャリアが政府と提携し、社会保障プログラムの一環として営むソーシャル・マイクロインシュアランス（social microinsurance）がある（図3-4-1参照）。Swiss Re（2010）は、両制度の区分を推定する基準に、貧困線（poverty line）を規定する加入者の等価可処分所得を掲げている。たとえば市場ベース（2005年当時）のマイクロインシュアランスの加入対象者は、等価可処分所得が1日当たり1.25米ドル以上4米ドル未満の者としている。これらはマイクロインシュアランス市場が成立する一つの目安といえる。

　他方、ソーシャル・マイクロインシュアランスは1日当たり1.25

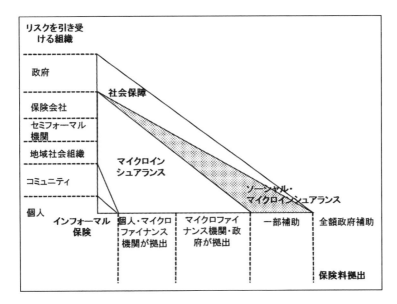

**図 3-4-1　マイクロインシュアランスとソーシャル・マイクロインシュアランス
のリスク引受**

出所：Microinsurance Network（2014）, p.53, Figure 60 を訳出・加筆。
注：網掛はソーシャル・マイクロインシュアランスの機能範囲

　米ドルの等価可処分所得（2005 年当時）を下回る加入者を対象とし[4]、救
貧機能をもつ点で社会保障の機能と類似する。政府が加入者の保険料
を拠出し、保険会社がマイクロインシュアランスを運営する事例は少
なくない。しかし、マイクロインシュアランスに組み込む政府支援は
新興市場の参入障壁を形成するかもしれない。ソーシャル・マイクロ
インシュアランスが市場に及ぼす影響への政府の関心は高いだろう。
　ところで、IAIS（2007）はマイクロインシュアランスを次のように定
義している。すなわち「マイクロインシュアランスとは、低所得者層
のための保険であり、様々な事業体が提供するが、保険の基本原則を
含む一般の保険業務に基づいて運営する[5]」。そこで、以下では既存
保険との比較分析の容易さを重視し、一般的な市場ベースのマイクロ
インシュアランスを中心に論考する。**表 3-4-1** はこの定義に基づい

表3-4-1　保険とマイクロインシュアランスの比較

	保険	マイクロインシュアランス
(1)機能・目的	経済的保障の達成	経済的保障の達成 （保障の水準は保険と比して低い）
(2)派生的な効用	保険加入による安心感の確保と 合理的な経済活動の実現	保険契約者の収入安定化を通じた 貧困の救済・緩和
(3)加入者の対象	保険料を拠出する資力をもつ者 （主として富裕層・中流層）	主として低所得者層
(4)純保険料の算出	個別保険料方式	少額 （コミュニティ・団体ごとに算出）
(5)営業保険料の徴収	契約者が保険者まで保険料を納める	ローンの返済などの別の取引時に徴収
(6)保険金額の設定	保険契約者の任意	少額の制限あり（定額の場合あり）
(7)逆選択の防止	医的診査による防止あり	自己申告のため防止は困難
(8)原理・原則①	大数の法則の作用あり	大数の法則の作用は重視しない （統計データの不足）
(9)原理・原則②	給付・反対給付均等の原則から収支相 等の原則の成立を導く	収支相等の原則を重視

出所：筆者作成。

　て既存の保険とマイクロインシュアランスを比較分析した内容である。

　マイクロインシュアランスの経済的保障の水準は、保険と比して小さく、経済的保障の達成を図る領域は限られるが、これはマイクロインシュアランスの加入者が露天商といったインフォーマル・セクターの個人事業主や法人格を有しない零細事業所の労働者であり、企業年金や職域での団体保険の利用を期待できないためである。それゆえ彼らは社会保障と重複するソーシャル・マイクロインシュアランスや個人が経済的な自立を目指すための個人保障としてマイクロインシュアランスを活用し、経済的保障の達成を目指すのである。

　こうした保険との相違点が存在する背景には、マイクロインシュアランスが低所得者層の容易な保険加入を優先し、既存の保険事業と異なる価値を保険消費者に提供するバリュー・チェーン（価値連鎖）の影響[6]が挙げられる。具体的には、シンプルな保障内容かつ低廉な保険料の提案を可能にする商品設計を志向していること、マイクロファイ

ナンス金融機関（Microfinance Institutions, MFI）を含む他の事業者と連携し
た保険販売が行われていること、また免責事項を最小化ないしは設定
することなく保険引受けがされることや、他の商品の代金回収と一纏
めにした保険料徴収などが挙げられる。とりわけ保険販売では、マイ
クロインシュアランス事業者は移動通信事業者（Mobile Network Operator,
MNO）と連携して保険募集を行い、モバイル・マネーを積極的に取り
込んでいる。

　かくしてマイクロインシュアランスの市場に多様な保険商品が供給
されて、市場規模は急速に拡大している。こうした動向を踏まえて、
次節はマイクロインシュアランス普及の現状を概観する。

3.　マイクロインシュアランス普及の現状

(1) マイクロインシュアランスの加入状況

　Microinsurance Network は地域ごとの新興国について、マイクロイ
ンシュアランスの加入状況を継続的に調査している[7]。以下では公表
年の異なる数値ではあるが、それらを用いて断片的にマイクロイン
シュアランス市場の接近を試みる。

　マイクロインシュアランスは人口に比して貧困層・低所得者層の割
合の大きい新興国で展開されるが、限定された調査対象の新興国にお
ける加入者の規模は加入者数が最大（全地域）の生命保険でも 3,960 万人
程度の規模である[8]（表 3-4-2 参照）。別のデータでは、生命保険の加入
率は高く各地域の加入者率の上位 5 カ国について、アフリカ地域で突
出した南アフリカを除けば、30％に満たない状況である（表 3-4-3 参照）。

　以下では Microinsurance Network の調査レポートに基づいて地域ご
とのマイクロインシュアランス市場の動向を概観しよう。

(2) アジア・オセアニア地域のマイクロインシュアランスの動向

　Microinsurance Network（2014）によれば、前回調査の 2012 年末におい

表 3-4-2　マイクロインシュアランスのカバー人口（単位：百万人）

地域	生命保険	信用生命保険	個人傷害保険	葬儀保険	健康保険	天候・災害保険	その他	財産保険	家畜保険	作物保険
アジア・オセアニア	25.4	14.0	10.2	3.3	5.0	1.0	0.6	0.1	0.1	0.0
ラテンアメリカ・カリブ	6.2	5.1	6.1	3.2	0.2	0.1	0.7	0.4	0.0	0.0
アフリカ	8.0	9.1	0.9	6.1	6.1	0.9	0.2	0.3	0.0	0.0
全地域	39.6	28.3	17.1	13.5	11.4	2.1	1.5	0.8	0.1	0.0

注：調査対象の新興国は限定されている。
出所：Microinsurance Network（2020）, *The Landscape of Microinsurance 2020* をもとに筆者作成。

表 3-4-3　地域別のマイクロインシュアランスの加入割合（上位 5 カ国）

アジア・オセアニア		アフリカ		ラテンアメリカ・カリブ	
フィリピン	21.35%(2012)	南アフリカ	63.99%(2014)	エクアドル	18%(2016)
タイ	14.02%(2012)	ガーナ	28.98%(2014)	ペルー	16%(2016)
インド	9.22%(2012)	トーゴ	23.07%(2017)	メキシコ	11.5%(2016)
スリランカ	6.9%(2015)	エスワティニ	21.41%(2014)	チリ	10.8%(2016)
バングラデシュ	6.2%(2012)	ナミビア	14.84%(2014)	コロンビア	10.7%(2016)

注：括弧内の数字はデータの数値を公表した年を示す。
出所：Microinsurance Network（2014, 2018, 2019）より筆者作成。

て、アジア・オセアニア地域のマイクロインシュアランスの加入者数（ソーシャル・マイクロインシュアランスを除く）は 1 億 7,040 万人であり、そのうち上位 10 カ国[9]の加入者数が当該地域全体の 99% を占めている。とりわけインドの加入者数は 1 億 1,110 万人に上り、当該地域全体の 65.2% をカバーしている。マイクロインシュアランス市場の成長はインド保険業に依拠していると言える。

　当該地域のマイクロインシュアランス商品の種類は合計で 507 あり、生命保険の加入者数が最も多く、社会へのマイクロインシュアランスの受容を確認できる。生命保険に次いで健康保険、傷害保険の加入者

数が多く、農業保険、損害保険がそれに続く。

　ところで既存の生命保険は保険期間が 3 年を超える長期保険であるが、当該地域のマイクロインシュアランスの生命保険は 1 年更新あるいは保険期間が 1 年未満の定期保険が半分を占めている。これらのうち信用生命保険と紐付いた生命保険については 3 年から 5 年の保険期間とする保険契約であり、長期的な小口融資のスキームでの活用を確認できる。損害保険については、加入者は自然災害や火災の損害填補を目的と利用するよりも私有財産の保護を重視した上で、加入する傾向にあることは明らかといえる。

　アジア・オセアニア地域では、インド保険業が市場の成長を牽引することが期待されるが、他方、地域間・国家間で異なる市場の性格が指摘される。すなわち①人口を背景とした潜在的な需要が見込まれる安定市場、②近い将来、短期間のうちに多様なマイクロインシュアランス商品を市場に供給が可能なリーダーたる成長市場、③特定のあるいは数種類の保険商品に依拠し、商品多様性が未成熟な画一的な市場、④市場の規模を未だ捉えられない新興市場である。当該地域においてマイクロインシュアランスの普及を一層推し進めるためには、地域間の市場成熟度の格差を改善する取り組みが必要であろう。

(3) ラテンアメリカ・カリブ地域のマイクロインシュアランスの動向

　Microinsurance Network (2018) は、2013 年の前回調査以降、当該地域のマイクロインシュアランス市場に目新しい変化がなかったことを強調している。

　マイクロインシュアランスの保険料収入は、保険業全体の保険料収入の 0.3% に留まっている。また保険料収入の推移では、既存保険の保険料収入の低下 (年間 5.13% 低下) とともにマイクロインシュアランスの保険料収入の伸び率も低下したことが指摘されている。なお、当該地域ではマイクロインシュアランスに特化した保険会社の保険料収入の割合は既存保険を扱う保険会社の保険料収入と比して圧倒的に少な

い。

　保険会社の支払い保険金の指標となる平均クレーム率（保険金請求の割合）は前回調査から3ポイント上昇し、29%（2016年）である。とりわけ財物保険・農業保険のクレーム率は高く、生命保険は比較的低い数値（27%）である。

　次に、市場に供給されたマイクロインシュアランスの商品数は、2013年から2016年の間に77種類から113種類に増加した。ただし、その過程では17種類のマイクロインシュアランス商品の市場への供給の取り止めが見られ、統合された商品の存在も確認されている。

　マイクロインシュアランス商品の市場供給とその中止はラテンアメリカ・カリブ地域のマイクロインシュアランス市場に需給のギャップがあることを示している。市場への供給を取りやめたマイクロインシュアランス事業者の多くは市場から撤退している。2013年から2016年の間で市場から撤退した企業の数（7社）は新規参入の企業数（2社）を上回り、当該地域のマイクロインシュアランス市場が競争状態にあるか、あるいは保険会社のマイクロインシュアランス商品の供給量の最適化が困難であることが予想される。

(4) アフリカ地域のマイクロインシュアランスの動向

　Microinsurance Network（2019）では、前回調査（2014年）以降、当該地域におけるマイクロインシュアランス市場の大きな変化を報告している。2017年の調査データでは、当該地域のマイクロインシュアランス全体の被保険者の数は6,120万人に上り、収入保険料は7億5,600万米ドルであった。2011年から2014年の間に37社の保険会社が新規参入した結果、保険商品の種類はおよそ100種類まで増加した。かかる短期間の保険商品の多様化は移動通信事業者（MNO）を介したフリーミアム（Freemium）[10]・モデルに負うところが大きい。

　マイクロインシュアランスのフリーミアム・モデルはモバイル保険におけるハイブリッド型商品に該当し[11]、移動通信事業者が配布

した無料のロイヤリティ商品（基本的な保障を提供する保険商品）に、有料のトップアップ（保障水準の引上げ）を付随するビジネス・モデルである。このモデルにより当該地域では、2014 年にマイクロインシュアランスの生命保険の加入者数は急増した。しかしながら、無料の保険配布から有料の追加的な保険購入への転換が進まなかったこと、MNO の従業員の退職が顧客との取引上・戦略上の協力関係を積極的に構築できなかったために、2014 年以降もモデルを維持することは困難となった。2017 年には、ザンビアやジンバブエのケースに見るように MNO と連動したフリーミアム・モデルは限界を迎えている[12]。この影響は傷害保険に及び、2014 年に 21% あった加入率は 0.1% まで急激に減少した。

　現在、当該地域のマイクロインシュアランスは信用生命保険、生命保険、葬儀保険が加入者数の 6 割近くを占めている。他方、健康保険の加入率は急激に伸びており、2014 年に 14% だった加入率は 2017 年には 10 ポイント上昇した。また付加的な医療サービスと健康保険を組み合わせた販売（バンドル化）も見られる。その他加入者の生活上のリスク認識の変化を窺える一方、保険会社による医療情報を含む加入者の膨大な情報の収集機会の増加が見られる。

4．マイクロインシュアランス普及の課題

　マイクロインシュアランスの重要な課題は生命保険と損害保険を問わず、その普及を促すことであろう。マイクロインシュアランス市場は 40 億人もの保険需要が期待され、潜在的な収益性の存在が指摘されてきた。アジア、アフリカ、ラテンアメリカ・カリブ地域のマイクロインシュアランスの市場供給は継続的である。しかしながら、アフリカ地域で採用されたフリーミアム・モデルは、多くの加入者を集めて新興地域の保険保護（カバー）率を一時的に引き上げたが、事業の効率化や営業・マーケティング活動を適正化できずにビジネス・モデル

は破綻し、マイクロインシュアランスの経営的限界を画することになった。低所得者層・極貧層のマイクロインシュアランスのカバーは不十分なままである。

　マイクロインシュアランスの普及を阻害する本質的な要素は何であろうか。この問題意識に対して、Biener and Martin（2012）は9つの保険適用基準の妥当性にかかる論文のレビューを行い、低所得者層・極貧層が直面するリスクの保険可能範囲（保険適用性の問題）の課題を明らかにした。その結論として、情報の非対称性の存在、小さなリスク・プーリングの規模、リスク評価の不備による保険数理上の条件が不十分であることが本質的な問題として指摘された。

　本節は情報の非対称性について、さらに考察を加えよう。マイクロインシュアランス市場の保険消費者・加入者が有する保険知識は過小とされ、それゆえ保険消費者・加入者は買い手の交渉力を十分に行使する機会を得られないかもしれない。その結果、保険市場の潜在的な需要減少を引き起こすことが考えられる。

　買い手の交渉力はPorter（2008）のファイブ・フォース分析の枠組み[13]において、次のように説明される。すなわち市場に供給される商品に大きな差異がない（製品差別化）、あるいは大きなコストを掛けることなく買い手が商品の売り手を選択できるとき、買い手は交渉力を持ち、売り手に対して優位に行動する[14]。しかし、マイクロインシュアランスの保険消費者・加入者は、保険の不適切な理解であるために買い手の交渉力を十分に発揮できない。マイクロインシュアランスの保険消費者・加入者の大部分は、政府の社会保障を十分に得られない低所得者層・極貧層の生活者・労働者であり、保険知識の獲得機会が少ないことは想像に難くない。

　ところで、保険の仕組みについて言えば、将来の保険事故の発生を条件に保険金を受け取る権利が保険消費者・加入者に生じる一方、無事故であった場合には保険金請求の機会は生じない。無事故で過ごした期間に得る安心感や損害填補にかかるリスクコストを節約し、加入

者の経済活動を合理化することは保険の本来の効用であるが、このような保険の仕組みへ対価(保険料)を払うことに疑念を持つ者が貧困者層には多い[15]。保険金を請求するための機会を得られなければ、それまで払い込んだ保険料が返還されるという認識に、保険を貯蓄と同一視し、保険料の掛け捨てを嫌う様子を窺うことができる。

　このような保険の仕組みや効用に対する理解の不足は、保険に対する誤解や偏見を醸成する。保険への誤解・偏見を持つ保険消費者は低収入という家計の予算制約のもとで、保険以外の他の資金調達手段を選択し、保険市場から離れてしまう可能性がある。これらはマイクロインシュアランス業界にとって望ましい買い手の交渉力の行使ではないだろう。

　かかる点で、保険市場で行使可能な買い手の交渉力を涵養する役割がマイクロインシュアランス保険会社に求められるだろう。すなわち低所得者層・極貧層の保険消費者・加入者がもつ生活リスクの感応度を引き上げるとともに、経済的保障を達成する制度・商品の理解を促す機会を提供し、保険消費者を適切に育てることである。これらはマイクロインシュアランス市場の買い手・保険消費者の将来の交渉力を涵養するための基本的なアプローチといえる。しかし、このような教育コストを、政府、保険会社、保険消費者・加入者がどのように負担するべきか、官民役割分担の議論の余地は残されている。

5. おわりに

　マイクロインシュアランスの保険消費者・加入者が有する保険知識の問題をめぐって、日本の共済、保険会社は新興地域のマイクロインシュアランスの普及に対し、どのようなアプローチをとるべきだろうか。この問いに対する考察をもって本章の結びに代えたい。

　共済、保険会社の活動として3つの方向性が考えられる。すなわち①マイクロインシュアランス市場への新規参入、②保険・共済経営に

関するノウハウの提供、③金銭的な支援である。

　①新規参入は、国内の共済、保険会社が新興国でマイクロインシュアランス事業を扱う国際戦略である。マイクロインシュアランスの目的は低所得者層の防貧・救貧であり、保険包摂を推進する観点からも新規参入は相互主義、相互扶助の精神を重視する共済組織や相互保険会社の理念の面から大きく逸脱しない。たとえば、国内の生協共済組織は加入者・組合員に対して、家計の管理活動を支援するための学習会を開催しており、このような保険・金融教育事業との同時展開が期待される。しかしながら、国際戦略は海外投資の性格を帯び、投機的リスクを付随する。かかる点について、相互保険会社の社員である契約者あるいは共済の加入者・組合員の利害とどの程度適合するのかを問う機会が生じるかもしれない。利害関係者との合意形成をめぐって時間と費用の計画的な管理が求められる。また、3節で指摘したように、マイクロインシュアランスの保険料拠出について政府補助を受けることが参入障壁を形成する問題もある。

　②保険・共済経営に関するノウハウの提供については、たとえば、マイクロインシュアランスの普及経路であるモバイル保険のマーケティング戦略やインシュアテックを実現する技術的な内容が、提供される保険・共済経営のノウハウとして有効であろう。また、国内の共済組織のなかには国際協同組合保険連合(ICMIF)が策定した「5-5-5マイクロインシュアランス開発戦略[16]」の活動に参加・支援する動きが見られる。ただし、これらのノウハウの実践・運用については新興国への適合、ローカライズが必要である。具体的には新興国で保険・共済知識の乏しい保険消費者に対するアプローチを国内の共済・保険会社がもつノウハウに実装することである。ただし、その過程でノウハウが正確に伝達されない可能性は排除できないであろう。

　③マイクロインシュアランスに対する金銭的な支援は、環境や社会貢献、企業統治を重視する企業へのESG投資や寄付活動といった社会的責任と関連する。近年は持続可能な開発目標(SDGs)の目標を達

成するための取り組みに積極的な共済・保険会社もあり、こうした枠
組みのなかでマイクロインシュアランスに対し資金供与を目指す方策
である。たとえば、先に挙げた ICMIF の活動に対し、コープ共済連
がインドダーン財団に寄付を行った事例がある。今後は、さらなる寄
付を呼び込むことや寄付金額を引き上げるインセンティブをめぐり寄
付制度の整備・拡充に関する議論が必要と思われる。

注

1　例えば、国内では松野 (2007)、池田 (2011)、渡部 (2013) がある。
2　たとえば露天商のように小規模で操業でき、参入障壁が低く、家族で
の所有が見られる経済活動部門をインフォーマル・セクター（Informal
Sector）と呼ぶ。インフォーマル・セクターは、1972 年に国際労働機関
（ILO）が発表した『ケニアリポート』で提唱された概念であり、公式の
統計に計上されず、しばしば政府の規制や支援対象から外れることが
ある。坂田 (2015) を参照。
3　クレイグ・チャーチル (2016)、p.553-p.558。
4　Swiss Re (2010)、p.9。
5　IAIS, (2007)、p.10。
6　Swiss Re (2010)、p.3。
7　しかしながら各種のデータの集計・発表には地域間あるいは地域内
で時間的なギャップがあり、統計上の信頼ある比較を困難にしている。
これらは新興国におけるマイクロインシュアランスの実態調査に限界
を伴うことを示している。
8　なお表 3-4-2 はアジア地域の 8 つの国（バングラデシュ、カンボジア、
インドネシア、ネパール、パキスタン、フィリピン、スリランカ、ベ
トナム）を集計したものである。よって表 3-4-2 と表 3-4-3 では集計対象
が異なる。
9　インド、マレーシア、モンゴル、インドネシア、フィジー、中国、ネパー
ル、スリランカ、カンボジア、パキスタンでは、過去 2 年間の保険料
の伸び率が高い。
10　フリーとプレミアムの造語とされるが、情報通信産業において基本
機能を無償で提供し、付加機能を有償で提供するビジネス・モデルを
指す。山口、他 (2016)、p.69。

11 IAIS（2018）によれば、包括的保険の実現にかかるモバイル保険モデ
ルにおいて、顧客との取引上あるいは戦略上の協力関係の構築を重視
するモバイル保険商品は大きく3つに分類される。すなわち①顧客が
負担する保険会社への保険料支払いを MNO が肩代わりするロイヤル
ティ商品、②モバイル・マネーとともに顧客が保険料を払い込む有料
商品、③顧客が高い費用を負担して商品を切り替えるオプションを備
えたハイブリッド商品である。IAIS（2018）、p.17-p.18。

12 Microinsurance network（2018）, p.7。

13 Porter のファイブ・フォース分析は①買い手、②販売チャネル、③新
規参入、④代替品、⑤既存企業間の競争の分析から市場の競争状態や
特性の把握を試みる分析フレームワークである。たとえば市場への新
規参入は市場構造の経済的・技術的特性を形成する要因として知られ
ている。

14 ポーター（2008）、p.43-p.46。

15 クレイグ・チャーチル（2016）、p.567。

16 貧困対策やジェンダーの平等を含む持続可能な開発目標（SDG's）の
実現に向けて、5カ国（インド、フィリピン、ケニア、コロンビア、ス
リランカ）の保険カバー人口を5年間で500万世帯（2,500万人）まで引
き上げる計画を指す。ICMIF ホームページ（URL：https://www.icmif555.
org/ 、2020年12月3日取得）を参照されたい。

参考文献

Christian Biener and Martin Elin（2012）, "Insurability in Microinsurance Markets：
An Analysis of Problems and Potential Solutions", The Geneva Papers, 37, p.77–
p.107.

IAIS（2007）, *Issues in Regulation and Supervision of Microinsurance.*

Microinsurance Network（2014）, *The Landscape of Microinsurance in Asia and Oceania
2013.*

Microinsurance Network（2018）, *The Landscape of Microinsurance in Latin America and
the Caribbean 2017.*

Microinsurance Network（2019）, *The Landscape of Microinsurance in Focus on Selected
Countries Africa 2018.*

Microinsurance Network（2020）, *The Landscape of Microinsurance 2020.*

Swiss Re（2010）Microinsurance-risk protection for 4 billion people, sigma, No6, p.3-p.9.

IAIS, 一般社団法人 生命保険協会訳（2018）「包摂的保険におけるデジタル技術の利用に関する適用文書」

池田香織（2011）「マイクロインシュアランスへの期待と展開」『損保ジャパンレポート』vol.59、p.2-p.20。

クレイグ・チャーチル（2016）「貧困層のための保険―定義とイノベーション」ベアトリス・アルメンダリズ＝マルク・ラビー、笠原清志監訳、立木勝訳『マイクロファイナンス事典』明石書店。

坂田正三（2015）「第2章　インフォーマルセクター研究の系譜とベトナムの現状」『ベトナムの労働市場と雇用問題―統計と先行研究のレビュー―』独立行政法人日本貿易振興機構アジア経済研究所。

松野篤（2007）「保険ビジネスとしてのマイクロインシュアランス」『損保総研レポート』第80号、損害保険事業総合研究所、p.45-p.68。

山口真一、坂口洋英、彌永浩太郎、田中辰雄（2016）「フリーミアムにおける支払金額と長期売上高の関係」『情報通信学会誌』34巻3号、p. 69-p.79。

渡部美奈子（2013）「マイクロ・インシュアランスの変遷と展望」『損保総研レポート』第105号、損害保険事業総合研究所、p.27-p.52。

M. E. ポーター著、土岐坤・他、訳（2008）『新訂　競争の戦略』ダイヤモンド社。

本稿は、平成31年度九州産業大学国外研修による研究成果の一部である。九州産業大学ならびにSOAS University of London, Japan Research Centre（JRC）に感謝申し上げます。

第5章

国際協同組合保険連合（ICMIF）と同連合アジア・オセアニア協会（AOA）の活動とその展開

髙橋　成人

1. はじめに

　現在では、協同組合やさまざまなタイプの相互扶助組織が、数多くの国において運動を展開し、協同組合／相互扶助の保険事業はその運動の重要な一部として組合員・会員と家族の生活と幸せを守り、ひいては地域社会の福利のために日々従事している。しかし、その国の政治・社会・経済の状況などによって、保険事業の歴史、求められる保険の種類、事業の広がりと規模、社会からの認知度、法制度や当局の規制・監督などにおいて大きな差異が存在している。また、事業の利用者や職員の人種・民族・出身地域・性別・宗教・言語・文化・風土などの多様性や、国ごとに複雑でデリケートな諸事情が存在し、それらが各々の事業に対して強い影響を及ぼしている。

　筆者が、AOA（国際協同組合保険連合アジア・オセアニア協会）[1] の事務局として、アジア・オセアニア地域をはじめ世界各国の協同組合／相互扶助の保険組織の人たちと訪問や会議、イベントの場で接してきた中で、上記の事実を感じることが度々あった。その一方で、国は違えども同じ協同組合／相互扶助の保険事業に携わる者同士として、初対面であっても相手の人間性に対して言葉にし難い「共感と親しみ」を感じ、そして「敬意」を抱く機会も数多くあった。

　協同組合／相互扶助組織が、株主により所有される株式会社の形態ではなく、組合員・会員に所有されており、組合員・会員のために奉仕することを目的としていることから、資本の論理ではなく組合員・会員を中心に置いて考える特有の組織カルチャーが生まれ、国境を越えて共通の普遍的要素を自ずから帯びるようになるのではないだろうか。

　そこにこそ、これから取り上げる国際協同組合保険連合（ICMIF）およびICMIFアジア・オセアニア協会（AOA）のような、協同組合／相互扶助の保険組織により所有され、その会員のために働く国際組織が長きにわたって存在し続け、会員の知見や情報のオープンな共有、会

員間の相互扶助やネットワーク作りを献身的に促進し、さらには当セクターの認知度や影響力を全体的に向上させるように働きかけることを可能にする素地が存在しているのである。

　本章では、ICMIF および AOA の組織の概要と最近の活動内容、特に開発途上国におけるマイクロインシュランスの普及推進プロジェクトや、会員組織の次世代のリーダーとなる若者たちを対象とした啓発プログラム、コロナ禍における会員向けサービスの変革への取り組みなど紹介し、日本の生協共済の今後を考える情報を提供したい。

2. 国際協同組合保険連合 (ICMIF) の組織概要

(1) 沿 革

　国際協同組合保険連合(ICMIF) は、1922 年 4 月にイタリアのローマにおいて誕生した。2022 年 4 月は ICMIF にとって創立 100 周年の節目であり、記念式典や会員総会がローマで開催される予定である。

　発端は、1922 年にベルギーの La Prévoyance Sociale (現 P & V グループ) のダイレクター、ジョセフ・ルメール (Joseph Lemaire) 氏が、国際的な再保険協会の設立を目的として欧州の 21 の協同組合保険組織をローマに招集したことであった。その後、参加した 5 組織により定期的に会合が続けられ、ICIF (International Cooperative Insurance Federation) が設立された。ICIF は、設立当初は欧州の協同組合保険組織の仲間同士のクラブであったが、その後より専門性を増し、単なる

ICMIF のロゴ

情報交換にとどまらないビジネス上の強い結びつきが生まれた。会員についても、欧州の先進的組織だけではなく成長・発展中の組織も世界中から参加するようになった。定期的に国際会議を開催するようになり、多様な会員組織間でのネットワーキングと学びの機会が拡大するにつれ、ICIF は民主的で参加型の性格を強めていった。

やがて保険市場における競合が高まると、会員組織は契約者のための付加価値を高めてくれる実質的なメリットを ICIF に求めるようになった。それに応じて ICIF はサービスの幅を広げ、組織構成も変更してマーケティング、新商品開発、リサーチといった有益な情報を会員に提供することに重点を置くようになる。また、会員間での再保険取引も進展し、それによりお互いの信頼関係の醸成が促進された。1963 年には開発途上国で新たな保険組織を立ち上げる技術・資金援助を手掛ける部門が発足し、国際連合や先進国の開発支援機関などからの認知度が高まった。1972 年には ICIF 独自の事務局が設置された。1992 年には会員組織の対象が、それまでの協同組合保険組織から相互扶助の理念を持つさまざまな保険組織[2] にまで拡大し、ICMIF (International Cooperative and Mutual Insurance Federation) に名称を変えて現在に至っている。

(2) 組織体制

ICMIF の組織運営は、世界各地域の会員団体の役員などで構成される理事会、執行委員会を中心として行なわれており、また、原則として隔年で会員総会が開催される。現在、ICMIF 会長は P&V グループ（ベルギー）のヒルデ・フェルナイレン (Hilde Vernaillen) 氏が務める。

2020 年 4 月現在、64 か国 197 組織が会員として加盟しており、日本からは、日本共済協会、コープ共済連、共水連、日火連、JA 共済総研、こくみん共済 coop、再共済連、共栄火災、大学生協共済連、JA 共済連の 10 組織[3] が会員となっている。現在、こくみん共済 coop と JA 共済連が理事を、また JA 共済連は執行委員も務めている。

フェルナイレン会長（中央）と事務局および地域協会メンバー
―ICMIF 本部前にて

　ICMIF は、英国マンチェスターの郊外に事務所を置き、ショーン・
ターバック（Shaun Tarbuck）事務局長以下約 20 名強の事務局スタッフが
働いている。
　なお、ICMIF は、世界のさまざまな分野の協同組合の全国組織（2020
年 4 月現在、109 か国 312 組織）などが加盟する国際協同組合同盟（ICA）の
保険分野における専門機関である。

3. 国際協同組合保険連合 (ICMIF) の活動と今後の展開

(1) 事業戦略

　ICMIF の今次 4 か年事業戦略（2019 年 -2022 年）において、ICMIF はそ
の目的を次のように定義づけている。
　「ICMIF のグローバルなネットワークの知識、能力および経験を活
用し、主要な利害関係者に対する当セクターの利益を代表することに
よって、会員が自らの戦略目標を達成し、各々の市場において持続可

能な形で成長することを支援すること。」

　そして、同4か年におけるICMIFの主要な戦略目標は次の4点である。

①すべての会員に迅速かつ最適なサービスを提供することで、会員
　が戦略的な諸課題に対応できるよう支援するとともに、その効果
　を測定しモニタリングする。

②協同組合／相互扶助の保険へのアクセスをより脆弱なコミュニ
　ティに拡大することで、数百万人の生命と生活を守る。

③協同組合／相互扶助のビジネスモデルの認知度を高め、それがな
　ぜ社会の未来にとって独自かつ重要であるかについて理解を深め
　る。

④ICMIFの長期的な財務上および運営上の持続可能性を確保する。

　この事業戦略は、保険業界で起こりつつある事象についての詳細な
現状分析を行ない、デジタル・トランスフォーメーション、アジャイ
ル[4]、サイバーリスク、気候変動、国連持続可能な開発目標(SDGs)といっ
た今日的な優先課題、キーワードを視野にいれて、2年以上に及ぶ事
務局と会員組織との幅広い協議を経て決定された。

　ICMIFはこの事業戦略に沿って、自らがそれまで提供してきた会員
向けの各種サービスについて大胆に廃止・改定し、新設・拡大を迅速
に行なってきた。この動きは2020年初頭からの新型コロナウィルス
のパンデミックにより国境をまたぐ移動が極端に制限され、対面での
交流が困難な状況下において、ますます拍車がかかっている観がある。

　例を挙げると、ニーズの低い集合研修の廃止や研修等のオンライン
化、種類が多かった紙ベースの出版物の廃止やデジタル化、統計資料
などの整理集約や作成頻度の削減などの取り組みを行なってきた。そ
の結果として節約できた人的・金銭的資源を他のニーズの高いサービ
スに振り向けている。

　上記の戦略目標④にある、長期的な財務上および運営上の持続可能
性の確保については、ICMIFが100周年を越えて永続的にその機能を
果たし続けるために、ICMIF経営陣(全員が会員保険組織の経営者)は財

務状態に常に注意を払っており、理事会および執行委員会において財務上のバッファーの確保などについて注意深くモニタリングを行なっている。

　ICMIF が手掛ける事業の中でも進境が著しいまたは重要度の高い取り組みのいくつかを具体的に見ていきたい。

(2) ICMIF ウェビナー

　ウェビナーとは、インターネット上で行なわれるセミナーのことである。2018 年以降、ICMIF は精力的にウェビナーを拡大してきた。特に 2020 年においては新型コロナウィルスの影響もあって**表 3-5-1**のとおり著しい進展があった。企画・開催の容易さ、参加者層の広がり、低廉なコストといったメリットに鑑みると、2021 年以降もICMIF ウェビナーへの会員のニーズは一層拡大することが見込まれる。

　通常 1 コマ 1 時間のこのウェビナーは、ICMIF 会員団体の役職員であれば参加費無料で専用サイトからアクセスできる。欧米地域の講師の場合は日本時間の深夜の開催となることが多いので、参加登録しておけばライブで参加できなかった場合でも後日好きな時間帯に録画を視聴できる。セッションは ICMIF 担当者が司会を務め、世界各地のICMIF 会員組織や専門家がプレゼンテーションを行ない、最後に質疑応答を行なう形式となっている。全般的に会員組織の実務経験に基づいた、質の高い示唆に富む事例発表が多い。

　例えば、2020 年 1 月〜 10 月に実施されたウェビナーのトピックは

表 3-5-1　ICMIF ウェビナー開催状況

年度	回数	のべ登録者数
2018	6	不明
2019	20	855
2020	50	3,500 超

※ ICMIF 調べ、2020 年は 10 月末時点

キーワードで大きく分類すると以下のとおりである。

- 相互扶助全般：相互扶助の未来、相互扶助の保険
- リスク：エマージングリスク、気候変動リスク、巨大災害リスク、サイバーリスク、農業リスク、格付け
- 再保険：再保険、災害モデル
- デジタル：デジタル・トランスフォーメーション、人工知能（AI）、インシュアテック
- 持続可能性：国連持続可能な開発目標（SDGs）、グリーン投資、責任投資
- 組織：採用・人材育成、イノベーション
- 学術：行動経済学、人口動態
- その他：コロナ関連

ICMIF ウェビナー ―画面イメージ

(3) 会員ニュース

　ICMIF のウェブサイトでは、会員組織に関するさまざまなニュースが、ほぼ毎日 1 ～ 3 本程度配信（Twitter や LinkedIn などの SNS でも適宜発信）されている。配信記事数は 2019 年度に約 100 本程度だったが、2020 年度 9 月末時点では 220 本と大幅に増加した。

　特に 2020 年度前半は新型コロナウィルスに対する世界の協同組合／相互扶助の保険組織の対応について精力的に紹介し、ロックダウンなどの厳しい環境下において他会員組織の動向を知りうる貴重な情報源となった。各会員組織のコロナ対策の取り組みは、公益財団法人生協総合研究所が『生活協同組合研究』(2020 年 8-9 月号) で ICMIF の会員ニュースに基づいて紹介している。

　2018 年までは、会員ニュース記事は季刊誌『Voice』に掲載されていたが、ウェブサイトで掲載するようになり、タイムリー性、速報性など発信力は以前と比べ格段に向上した。

(4) 国際社会への働きかけと協力関係

　ICMIF は、協同組合／相互扶助の保険セクターの存在をアピールするとともに地位を向上させることを目的として、国際連合、世界銀行、G20・B20、保険監督者国際機構（IAIS）、経済協力開発機構（OECD）、金融安定理事会（FSB）、保険開発フォーラム（IDF）などさまざまな国際機関・組織に対する情報発信と政策提言活動を以前から積極的に展開してきた。近年は ICMIF の役員や事務局が各組織の会合などに招待されスピーチやプレゼンテーションを行なう機会が増えるなど、その活動は徐々に実を結びつつあった。

　そのような中、2019 年に ICMIF は 3 つの重要なパートナーシップ協定に署名した。1 番目の協定は、主にインクルーシブ（包摂的）保険の分野で SDGs（持続可能な開発目標）の達成に向けて取り組んでいる「国連開発計画（UNDP）」とのもの[5]、2 番目は、仙台防災枠組の中で保険による「保護」から「予防」に移行するための「国連防災機関（UNDRR）」

との提携[6]、3番目は、気候関連財務情報開示タスクフォース（TCFD）の実践に向け取り組む「英国皇太子の持続可能な会計プロジェクト（A4S）」との提携[7]であった。

　これらの協定は、地球規模の持続可能性への取り組みにおいて、協同組合／相互扶助の保険セクターも主要なプレーヤーの一員として、国際社会から認められ、役割を期待されているということを意味している。ICMIFはさまざまなパートナーシップや協力関係を通じて、協同組合／相互扶助の保険組織の組合員・会員や地域社会、そして地球そのものが持続可能性を保ちつつ存続していけるように取り組んでいる。持続可能性に関するこうした協定締結に関して、ショーン・ターバックICMIF事務局長は次のように述べている。「多くのICMIF会員組織は以前から持続可能性の旅を始めていますが、今こそ、影響力のあるパートナー（これは奇しくもSDGsの目標17『パートナーシップで目標を達成しよう』です）と協力し、共に旅を続ける必要があります。私たちが次の大きな課題である地球と人類の持続可能性に取り組むとき、この有志の連合が、新しいパンデミック後の世界で真のリーダーシップを示す必要があります。」[8]

(5) ヤングリーダーの育成プログラム

　ミレニアル世代やY世代と呼ばれる若者層は、生まれた時からインターネットやパソコンと身近に接してきた「デジタルネイティブ」世代とも言われている。彼らの消費市場や労働市場への参入は保険にとどまらず大きな社会的インパクトを持っているため、ICMIFでは協同組合／相互扶助の保険セクターを将来的に率いていく若者世代の事業運営への関与の必要性を強く認識している。

　ICMIFヤングリーダー・フォーラム（YLF）は、ICMIF会員組織に働く若手職員（おおよそ20歳〜35歳）のネットワークであり、2017年4月に発足した。YLFでは、学習や議論を通じてメンバーのキャリアアップや国境を越えたチームワークの醸成と人脈形成など人間的な成長を

図ること、ICMIF インテリジェンス委員会（ICMIF の戦略企画のエンジン
となる組織）に参加し、その議論と成果を ICMIF 会員全体にフィード
バックするに際して、若者独自の視点からの付加価値を提供すること
を目的としている。

　2017 年 10 月の ICMIF ロンドン総会からは、「ヤングリーダー・プ
ログラム」が開始され、若手リーダーに参加費用半額で ICMIF 総会の
本会議に出席する機会を提供するようにした。プログラム参加者によ
る勉強会や懇親会、会員団体の CEO と円卓を囲んで懇談する朝食会
などが設定され、さらに総会本会議での発表機会も与えられた。

　同プログラムには、ロンドン総会、2019 年 11 月のオークランド総
会ともに 50 名を上回る若手が参加（日本の会員団体からも毎回 10 名程度の
若手職員が参加）し、参加者およびその所属組織からの評価も非常に高い。

ヤングリーダー・プログラムの参加者― ICMIF オークランド総会

(6) マイクロインシュランスの普及に向けた取り組み

マイクロインシュランスとは、普通の保険には加入が困難な低所得者層向けに設計された低価格の少額保険のことを指し、開発途上国に限らず先進国も対象となりうる。ICMIFでは以前から主に開発途上国におけるマイクロインシュランスの普及を検討してきたが、2016年6月に「ICMIF 5-5-5 相互扶助マイクロインシュランス戦略（通称、5-5-5 戦略）」を開始した。5-5-5 とは、5年間に5か国で500万の保険未加入世帯（約2,500万人）にマイクロインシュランスを普及させ、自然災害や事故・病気で貧困状態に陥る悪循環を断ち、人びとの暮らしを守ることを目指すところから名付けられた。慎重な事前調査の結果所定の条件を満たしていると認められた5か国（フィリピン、インド、スリランカ、ケニア、コロンビア）を選定し、現地のICMIF会員組織をパートナーとして、マイクロインシュランス普及の取り組みをスタートした。

プロジェクトの究極の目的は、金融教育、リスク削減、ニーズに応じた加入し易い価格の保険商品を提供することにより、地域社会の回復力を高め、保険加入人口を拡大することである。この取り組みは国連の持続可能な開発目標（SDGs）の関連施策として国際会議等で紹介されるなど、世界的にその重要性が認知されてきている。

5-5-5 戦略の現地活動は、世界中の会員組織から寄付された「資金支援」を基に、慈善団体「ICMIF財団」を通じて活動資金を現地パートナー組織に提供することで賄われている。会員組織からの申し出を受けて、職員を現地のパートナー組織に数か月間派遣して、マーケティングや会計監査、保険の実績管理・計画などの指導を行なう「技術支援」も提供している。既に支援を実行している組織はICMIF会員を中心に世界26組織であり、日本の会員では、コープ共済連、こくみん共済coop、大学生協共済連、JA共済連の4組織が5-5-5戦略に対して資金支援を行なっている。

ICMIFによると、2020年初において5-5-5戦略は188万世帯にマイクロインシュランスを提供し、ほぼ1,000万人の生命（一世帯平均5人で

ダーンファンデーション（インド）プロジェクトの会員集会

計算）を保障している。当初目標の 2,500 万人に対して 40% の進捗率
となった。なお、スリランカとコロンビアにおけるプロジェクトは他
の 3 か国よりも立ち上げが遅れており、今後の活動の本格化が待たれ
る。

4．ICMIF アジア・オセアニア協会（AOA）

(1) 沿　革

　ICMIF アジア・オセアニア協会（AOA）は、アジア・オセアニア地域
の協同組合／相互扶助の保険運動の推進や、会員相互の交流・情報交
換を通じて地域の協同組合／相互扶助の保険組織の発展に資するため、
国際協同組合保険連合（ICMIF）の地域協会の一つとして 1984 年 10 月
に地域の会員によって自発的に設立された。設立当時の会員数は 7 か
国 11 組織（うち日本は共水連、日火連、全労済（こくみん共済 coop）、全共連（JA
共済連））だったが、2020 年 4 月現在で 13 か国 47 組織にまで拡大して
いる[9]。基本的に、ICMIF に加入したアジア・オセアニア地域の組織
は自動的に AOA にも加入することとなっている。

AOA のロゴ

(2) 組織体制

　AOA は ICMIF の地域協会ではあるが、総会と理事会を独自に持ち ICMIF とは別個のガバナンス態勢となっている。また、ICMIF とは別に AOA 独自の会費を徴収しており財務面では独立採算となっている。

　現在、理事は各国から選出された 5 名で、さらにその中から選出された JA 共済連の柳井二三夫理事長が会長を務める。また、監査役が設置されており共水連の深瀬茂哉常務理事がその任に就いている。さらに、設立当初から JA 共済連が事務局を受託しており、AOA 事務局スタッフは JA 共済連職員数名が兼務する形となっている。

(3) 活動内容

　ICMIF の地域協会であることから ICMIF 全体の動向を踏まえたテーマ設定などに心掛け、また ICMIF 事務局と緊密に情報交換および協力をしつつ、主に以下のような活動を行なっている。

　①会員総会：ICMIF 総会と同時期・同会場にて開催（基本的に隔年）

　②理事会：年に 3 〜 4 回開催（大半は書面協議）

　③セミナー：隔年で開催（2020 年はコロナ禍で 2021 年に延期）

　④会員訪問団：原則としてセミナーを行なわない年に隔年で実施

　⑤マイクロインシュランス推進活動：2019 年 11 月に ICMIF と共同でセミナーを開催

　⑥ウェビナー：2020 年 6 月に ICMIF と共同開催

会員訪問団（シンガポール・NTUC インカム社）

⑦情報発信：ウェブサイト（https://www.icmifasiaoceania.coop/jp/）

⑧奨学金制度：ICMIF による AMC 研修[10]への参加者に対する奨学金支給

⑨航空運賃助成制度：イベント等参加者への費用助成

(4) 役割と課題

　アジア・オセアニア地域は、北半球から南半球まで地理的に広大な範囲にわたり、中国やインドをはじめとした大国が多い。一方で先進国と開発途上国が混在し経済格差は非常に大きい。さらに、民族・文化・宗教・言語などの面で非常に多様な地域でもある。このため、全会員組織が一体感を持って活動するのは容易ではない。さまざまなチャネルを通じて個々の会員にアプローチし、その声を聞き届け、AOA の活動に生かすと同時に、この地域を代表して ICMIF に対して必要な提言や申し入れを行なうことが AOA 事務局にとっては重要な役割であるとともに課題でもある。冒頭の「はじめに」で書いたように、さまざまな差異を越えて私たちがお互いに共感し合える素地は既に整っ

ているのである。

5.おわりに

　今は新型コロナウィルスの終息が見通せず、ロックダウンや移動制限などによる経済的悪影響が峠を越えたとはとても言い難い状況である。しかし、世界の協同組合／相互扶助の保険セクターは組合員や会員、そして職員や地域社会を組織のミッションの中心に据え、彼らを守り、彼らのために価値を生み出し続けるべく全力を尽くしている。ICMIF会員ニュースには、そうした活動の姿が鮮やかに浮かび上がってくる。そこには、他者を思いやり、手を差し伸べる優しく真摯な心があり、自らの果たすべきミッションを自覚している強さと頼もしさがある。

　本章では、国際協同組合保険連合(ICMIF)とICMIFアジア・オセアニア協会(AOA)の組織と活動について紹介してきた。ICMIFが、事業戦略に位置づけている「ネットワークを活用した会員向けの有用なセミナーの開催やニュースの発信」「ヤングリーダー育成プログラム」「マイクロインシュランスの普及に向けた5-5-5戦略」など、会員組織のための支援機能を強化していることを確認してきた。さらに、世界の協同組合／相互扶助の保険セクターは、お互いは国境を越えた絆を保ちながら、国際的には幅広い国際組織や機関ともパートナーシップを結び、人類と地球の未来のために協力し合っていることも見てきた。今後この潮流がより鮮明に姿を現し世界的なさらに大きなうねりとなる可能性がある。また逆に、その世界的な潮流が各国の協同組合／相互扶助組織に大きな影響を与えていくことになるだろう。

　筆者がこれまでAOA事務局として経験し学んできたことは、協同組合／相互扶助の保険セクターは、今日の国際的な動向から見て明らかに先進的であるということである。協同組合／相互扶助の保険セクターは、人間を真ん中においた運動を真摯かつ愚直に、そして大胆に

勇気をもって進めている。

　生協共済に働く職員の方々、とりわけこれから各組織を担い、日本および国際社会で活躍することが期待される若い世代の方々に、これを機会に ICMIF の組織と活動についての理解を深めていただくことを期待する。それは、皆さんのこれからの仕事や人生に必ず役に立つと確信している。

注

1　AOA の概要は、本文 4. ICMIF アジア・オセアニア協会（AOA）の項を参照のこと。

2　いわゆる相互扶助保険組織（mutual insurer）のこと。

3　ICMIF 名簿順。日本の会員団体の正式名称は下表参照のこと。

略称等	正式名称
日本共済協会	一般社団法人 日本共済協会
コープ共済連	日本コープ共済生活協同組合連合会
共水連	全国共済水産業協同組合連合会
日火連	全日本火災共済協同組合連合会
JA 共済総研	一般社団法人 JA 共済総合研究所
こくみん共済 coop	全国労働者共済生活協同組合連合会
再共済連	日本再共済生活協同組合連合会
共栄火災	共栄火災海上保険株式会社
大学生協共済連	全国大学生協共済生活協同組合連合会
JA 共済連	全国共済農業協同組合連合会

4　ソフトウェアを迅速かつ状況に適応しつつ開発する手法を表す IT 用語。迅速や機敏を意味する英単語アジャイル（agile）のこと。企業経営等に対しても使うことがある。

5　マイクロインシュランスや責任投資など、SDGs（持続可能な開発目標）と相互に関連しあう多くの分野にわたり連携を深めることを主目的とした提携。

6　国際的な防災指針である「仙台防災枠組」に適合した、保険・共済を活用した災害からの回復力の構築に関する事例の支援などについての協力を主目的とした提携。

7　投資家等に向けてより詳細な気候関連の財務情報を開示する TCFD 開

示要件の認知度向上などのための ICMIF の関与および各会員組織の自発的な参加を主目的とした提携。

8　出典「株主価値からステークホルダー価値への移行（The move from shareholder value to stakeholder values）– ICMIF 事務局長 ショーン・ターバック（Shaun Tarbuck）」（ICMIF ブログ、2020 年 7 月 14 日）

9　13 か国は、オーストラリア、バングラデシュ、中国、香港、インド、インドネシア、日本、ニュージーランド、フィリピン、韓国、シンガポール、スリランカ、タイ。

10　ICMIF 主催の 6 日間の有料集合研修 Advanced Management Course の略。世界の ICMIF 会員団体の管理職以上を対象とし、チーム別の保険会社経営シミュレーションや事例研究、共同作業、発表などを通じた戦略的・批判的な思考能力の育成、そして貴重な人脈形成の機会を与えてくれる場として参加者の評判が高い。年 2 回程度開催。

参考文献

小塚和行「協同組合・相互扶助の保険組織と COVID-19（上・下）」『生活協同組合研究』Vol.535/536、公益財団法人生協総合研究所、2020 年

Jim Kennedy『Not by Chance – A History of the International Cooperative and Mutual Insurance Federation』Holyoake Books、1999 年

国際協同組合保険連合（ICMIF）『ICMIF 事業戦略（2019 年 -2022 年）』非売品（会員限定）、2019 年

ICMIF アジア・オセアニア協会（AOA）『AOA 30 年史』非売品、2014 年

おわりに

　本書は、2018年12月頃から刊行の検討が始まった。生協共済研究会が発足から13年が経ち、生協共済や協同組合共済に関する論稿をまとめた単行本を2020年度に発行することを、研究会の2019年度活動計画の中で提案した。

　当初は、研究活動の成果を「体系的」にまとめ、共済事業に携わる役職員の理論的参考資料となるものとして「現代協同組合保険論（仮題）」を構想した。その後の研究会で、人口減少、少子高齢化、地域コミュニティの衰退など社会変化が急速に進む中で、教科書的な本よりも、生協共済の現在の到達点を確認し、今後の方向性や展望が見える本をまとめたほうが、生協の役職員にとって参考になるのではないか、という議論になった。2019年秋に編集委員会で編集方針、構成と執筆分担などを確定し、各執筆者が原稿の執筆作業を開始した。

　図らずも2020年初頭からパンデミックに拡大した新型コロナウイルス感染症は、人々がこれまで経験したことのないような社会経済状況を招き、生活様式や人と人とのつながりの変化をもたらした。日本の協同組合共済を含む世界の協同組合／相互扶助の保険組織は、新型コロナウイルス感染症への取り組みを各国で展開し、組合員・契約者、地域コミュニティ、医療関係者などへの励ましと支援活動を行ってきた。本書の各論稿が提起している「未来へのチャレンジ」が、生協共済を含む相互扶助の保険組織においてはすでに始まっているということができるだろう。

　新型コロナウイルスだけでなく、人生100年時代と言われる超長寿社会、AI・デジタル技術の進展、地球規模の気候変動と大規模な自然災害など、人々のくらしをめぐる新たな課題に対して、生協共済はチャレンジしていくことが求められている。本書が、そうした課題に立ち向かっていく生協共済に携わる役職員、とりわけ将来を担う若い

世代の職員にとって、参考になれば幸いである。

　執筆者の方々には、コロナ禍で大学や各職場での勤務が難しくなり、調査や取材などにおいても苦労が多かった中で、原稿を取りまとめていただいた。

　最後に、本書の刊行に協力いただいた東信堂の下田勝司社長にお礼を申し上げたい。

元生協総合研究所研究員　小塚　和行

生協共済研究会の構成

座　長	岡田　太	日本大学商学部教授
委　員	甘利　公人	上智大学名誉教授・弁護士
	大塚　忠義	早稲田大学商学学術員教授
	恩藏　三穂	高千穂大学商学部教授
	栗本　昭	連帯社会研究交流センター特別参与
	谷川　孝美	日本大学商学部講師
	崔　桓碩	八戸学院大学地域経営学部准教授
	千々松　愛子	鎌倉女子大学家政学部准教授
	中林　真理子	明治大学商学部教授
	根本　篤司	九州産業大学商学部専任講師
	福田　弥夫	日本大学危機管理学部教授
	宮地　朋果	拓殖大学商学部教授
	吉田　朗	早稲田大学大学院社会科学研究科研究生
	米山　高生	東京経済大学経営学部教授
事務局	佐々木　祐介	こくみん共済 coop〈全労済〉経営企画部調査渉外室長
	佐藤　嘉一	こくみん共済 coop〈全労済〉経営企画部調査渉外室
	鈴木　豊	全労済協会調査研究部次長
	塚本　直広	全労済協会調査研究部調査研究課長
	淺田　佳則	コープ共済連渉外・広報部長
	星合　健吾	コープ共済連渉外・広報部渉外担当
	大谷　光一	大学生協共済連役員室長
	渡部　博文	生協総合研究所研究員

※ 2021 年 4 月現在

228

執筆者紹介 (執筆順)

岡田　太 (おかだ　ふとし)
　日本大学商学部教授。「共済概念の再検討―共済一般の概念化と保険理論の適用に向けての準備作業―」『保険学雑誌』(第 636 号、2017.3)。

小塚　和行 (こづか　かずゆき)
　元公益財団法人生協総合研究所研究員。「大学生協の「学びと成長」を支援する事業の特徴と課題」『立命館経営学』(第 58 巻、2019.3)「協同組合・相互扶助の保険組織と COVID-19」『生協総研レポート』No.94 (2021.3)。

米山　高生 (よねやま　たかう)
　東京経済大学経営学部教授、一橋大学名誉教授、全国大学生協共済生活協同組合連合会会長。『リスクと保険の基礎理論』(同文舘出版、2012)。訳書にハンズマン『企業所有論』(慶應義塾出版会、2019) など。

栗本　昭 (くりもと　あきら)
　連帯社会研究交流センター特別参与，日本協同組合連携機構特別研究員，ICA アジア調査委員会委員長。『共助と連帯』(共著、明石書店、2016)、『現代日本の市民社会』(共著、法律文化社、2019)。

大塚　忠義 (おおつか　ただよし)
　早稲田大学商学学術院教授。博士 (経済学)。『生命保険業の健全経営戦略　財務指標とリスク測定手法による早期警戒機能』(日本評論社、2014)。

宮地　朋果 (みやち　ともか)
　拓殖大学商学部教授。『格差社会への対抗 新・協同組合論』(共著、日本経済評論社、2017)。

藤川　太 (ふじかわ　ふとし)
　家計の見直し相談センター代表。ファイナンシャルプランナー CFP 認定者。『貯まる！資産 3 倍手帳』(朝日新聞出版、2008)、『やっぱりサラリーマンは 2 度破産する』(朝日新聞出版、2014)。

吉田　朗 (よしだ　あきら)
　早稲田大学大学院社会科学研究科・研究生。修士 (学術)。「氾濫原管理における水害保険：全米洪水保険制度を素材として」『社学研論集』((25)、2015)。

崔　桓碩 (ちぇ　ふぁんそく)
　八戸学院大学地域経営学部准教授。修士 (商学)。「韓国における協同組合共済

の最近の動向」『生協総研レポート(生協共済研究会　2016年度−2018年度の活動)』(No.90、2019.7)。

根本　篤司(ねもと　あつし)

九州産業大学商学部専任講師。修士(経済学)。「インシュアテックと保険規制のあり方」『保険学雑誌』(第648号、2020.3)。

髙橋　成人(たかはし　なると)

元JA共済連(全国共済農業協同組合連合会)勤務。AOA(国際協同組合保険連合アジア・オセアニア協会)事務局次長を兼務(2016年4月〜2021年2月)。

生協共済研究会
共済における生協らしさをテーマとした研究を深めていくため、こくみん共済
coop〈全労済〉、全労済協会、コープ共済連、大学生協共済連が委託研究費を拠出
し公益財団法人生協総合研究所を事務局に、2006年4月から研究者を集め開始し
た研究会です。

生協共済の未来へのチャレンジ

2021年7月20日　　初　版第1刷発行　　　　　　　　　　　　　〔検印省略〕
定価はカバーに表示してあります。

公益財団法人　生協総合研究所
編著者Ⓒ 生協共済研究会　　　　／発行者 下田勝司　　　印刷・製本／中央精版印刷

東京都文京区向丘 1-20-6　　郵便振替 00110-6-37828　　　　　　発 行 所
〒113-0023　TEL (03) 3818-5521　FAX (03) 3818-5514　　株式 東信堂
Published by TOSHINDO PUBLISHING CO., LTD.
1-20-6, Mukougaoka, Bunkyo-ku, Tokyo, 113-0023, Japan
E-mail : tk203444@fsinet.or.jp　http://www.toshindo-pub.com

ISBN978-4-7989-1723-8 C3030
Ⓒ Consumer Co-operative Institute of Japan

東信堂

〒 113-0023　東京都文京区向丘 1-20-6　　TEL 03-3818-5521　FAX03-3818-5514　振替 00110-6-37828
Email tk203444@fsinet.or.jp　URL·http://www.toshindo-pub.com/

※定価：表示価格（本体）＋税

東信堂

災害公営住宅の社会学	吉野英岐編著	三二〇〇円
原発災害と地元コミュニティ ―福島県川内村奮闘記	鳥越皓之編著	三六〇〇円
故郷喪失と再生への時間 ―新潟県への原発避難と支援の社会学	松井克浩	三二〇〇円
被災と避難の社会学	関 礼子編著	二三〇〇円
放射能汚染はなぜくりかえされるのか―地域の経験をつなぐ	藤川賢・除本理史編著	二三〇〇円
初動期大規模災害復興の実証的研究	小林秀行	五六〇〇円
震災・避難所生活と地域防災力 ―北茨城市大津町の記録	松村直道編著	一〇〇〇円
東京は世界最悪の災害危険都市 ―日本の主要都市の自然災害リスク	水谷武司	二〇〇〇円
地域自治の比較社会学―日本とドイツ	山崎仁朗	五四〇〇円
日本コミュニティ政策の検証 ―自治体内分権と地域自治へ向けて	山崎仁朗編著	四六〇〇円
自然村再考	高橋明善	六四〇〇円
自治体行政と地域コミュニティの関係性の変容と再構築 ―「平成大合併」は地域に何をもたらしたか	役重眞喜子	四二〇〇円
さまよえる大都市・大阪 ―「都心回帰」とコミュニティ	鯵坂学・徳田剛・西村雄郎・丸山真央編著	三六〇〇円
社会制御過程の社会学	舩橋晴俊	九六〇〇円
組織の存立構造論と両義性論 ―社会学理論の重層的探究	舩橋晴俊	二五〇〇円
環境問題の社会学 ―環境制御システムの理論と応用	茅野恒秀編	一八〇〇円
「むつ小川原開発・核燃料サイクル施設問題」研究資料集 ―加害と被害の社会学	舩橋晴俊・飯島伸子・長谷川公一編著	三八〇〇円
新版 新潟水俣病問題	金山行孝・茅野恒秀・湯浅陽一編著	三六〇〇円
新潟水俣病問題の社会学	堀田恭子	四八〇〇円
新潟水俣病をめぐる制度・表象・地域 ―受容と克服	関礼子	五六〇〇円
公害・環境問題の放置構造と解決過程	藤川賢・渡辺伸一・堀畑まなみ・飯島伸子著	三八〇〇円
公害被害放置の社会学 ―イタイイタイ病・カドミウム問題の歴史と現在	渡辺伸一著	三六〇〇円
食品公害と被害者救済 ―カネミ油症事件の被害と政策過程	宇田和子	四六〇〇円

〒113-0023 東京都文京区向丘1-20-6 TEL 03-3818-5521 FAX03-3818-5514 振替 00110-6-37828
Email tk203444@fsinet.or.jp URL:http://www.toshindo-pub.com/

※定価：表示価格（本体）＋税

東信堂

「居住福祉資源」の思想——生活空間原論序説	早川和男	二九〇〇円
検証 公団居住60年——〈居住は権利〉公共住宅を守るたたかい	多和田栄治	二八〇〇円

〔居住福祉ブックレット〕

居住福祉資源発見の旅…新しい福祉空間、懐かしい癒しの場	早川和男	七〇〇円
どこへ行く住宅政策…進む市場化、なくなる居住のセーフティネット	本間義人	七〇〇円
漢字の語源にみる居住福祉の思想	李桓	七〇〇円
日本の居住政策と障害をもつ人	大本圭野	七〇〇円
障害者・高齢者と麦の郷のこころ…住民、そして地域とともに	加藤直樹	七〇〇円
地場工務店とともに…健康住宅普及への途	山本美見	七〇〇円
子どもの道くさ	水月昭道	七〇〇円
居住福祉法学の構想	吉田邦彦	七〇〇円
奈良町の暮らしと福祉…市民主体のまちづくり	黒田睦子	七〇〇円
精神科医がめざす近隣力再建…進む「子育て」砂漠化、はびこる「付き合い拒否」症候群	中澤正夫	七〇〇円
住むことは生きること…鳥取県西部地震と住宅再建支援	片山善博	七〇〇円
最下流ホームレス村から日本を見れば	ありむら潜	七〇〇円
世界の借家人運動…あなたは住まいのセーフティネットを信じられますか?	高島一夫	七〇〇円
「居住福祉学」の理論的構築	早川和男	七〇〇円
居住福祉資源発見の旅II	早川和男	七〇〇円
地域の福祉力・教育力・防災力	早川和男	七〇〇円
居住福祉の世界…早川和男対談集	早川和男	七〇〇円
医療・福祉の沢内と地域演劇の湯田…岩手県西和賀町のまちづくり	髙橋典成	七〇〇円
「居住福祉資源」の経済学	金持伸子	七〇〇円
長生きマンション・長生き団地	神野武美	七〇〇円
高齢社会の住まいづくり・まちづくり	山下千佳	八〇〇円
シックハウス病への挑戦…その予防・治療・撲滅のために	後藤田泓	七〇〇円
韓国・居住貧困とのたたかい…居住福祉の実践を歩く	全泓奎	七〇〇円
精神障碍者の居住福祉…宇和島における実践（二〇〇六〜二〇一一）	財団法人正光会 編	七〇〇円

〒113-0023　東京都文京区向丘1-20-6　　TEL 03-3818-5521　FAX03-3818-5514　振替 00110-6-37828
Email tk203444@fsinet.or.jp　URL:http://www.toshindo-pub.com/

※定価：表示価格（本体）＋税